Gerhard Bronner

Kein Blattl vor'm Mund

ISBN 3 900277 16 8

Coverfoto: Richard Siedek, *Wien*
Coverdesign: Studio Inkwriter, *Key West*
Satz: E.M.Anicavs, *Wien*
Lithografie: Stallovits, *Wien*
Realisation: Bill Beater, *Rose Valley*
Druck: Missionsdruckerei St. Gabriel, *Mödling*

Printed in Austria

Gerhard Bronner

Kein Blattl vor'm Mund

Ein ungeschriebenes Buch

Prolog:

Lore Krainer

Epiloge:

Rudolf Buchbinder, André Heller, Marika Lichter, Marianne Mendt, Fritz Muliar, Peter Orthofer, Elfriede Ott, Herbert Prikopa, Kurt Sobotka, Ernst Stankovski, Erwin Steinhauer

ASTOR VERLAG

Meinen Kindern und Enkeln,
damit sie nicht nur auf alte Zeitungen angewiesen sind,
wenn sie wissen wollen, wie's wirklich war.

*

Wenn Du den Leuten die Wahrheit sagen willst,
bring' sie zum Lachen.
Sonst bringen sie Dich um.

George Bernhard Shaw

Inhalt

Lore Krainer

Prolog

Bronner-Anekdoten, von Lore Krainer am eigenen Leib erlebt.

Anstelle einer Lobhudelei

Ich erfuhr vom Tod eines Kollegen und sagte mit sich geziemender Grabesstimme: “Ich habe gerade gelesen, der XY ist gestorben.” Bronner: “Mit Recht.”

*

Als Bronner meine ersten fünfzig Lieder und Chansons gehört hatte, sah er mich böse an und sagte: “Hör’n Sie, Sie san ja bald besser als ich!” Ich schwieg bedrückt. Er fragte: “Wie alt sind Sie?” Ich, noch bedrückter: “Zweiundvierzig.” Er knurrte: “Mit 42 Jahren noch eine Schallplattenkarriere zu starten, ist eine Chuzpe.” Ich sank in mich zusammen. “Aber gegen Chuzpe hab’ ich nix”, grinste er.

*

Als wir eines Abends in anregender Runde in Bronners Bar zusammensaßen, stürzte der Ober aufgelöst an unseren Tisch: “Herr Chef, Herr Chef, kommen S’ schnell, der berühmte Schlagersänger Bl.... ist gerade gekommen. Bronner: “*Wie* heißt der ?” “No, der Bl...., der Bl....!” Bronner, kurz: “Bis ich mir den Namen gemerkt hab, ist der Dodl längst wieder vergessen.”

*

Zehn Jahre lang schrieb ich mit Gerhard Bronner gemeinsam die ORF-Kurzserie “Trautes Heim” mit Senta Wengraf und Alfred Böhm. Einmal bekamen wir, kurz vor den Sommerferien, wieder den Auftrag für elf neue Folgen, die im darauffolgenden Herbst zu drehen waren. Bevor jeder von uns in den wohlverdienten Urlaub fuhr, sagte Bronner zu mir: “Du kannst ja schon einmal anfangen zu schreiben. Ich schreibe auch, und nach der Sommerpause erledigen wir dann den Rest miteinander.” Gesagt, getan. Ich schrieb einiges, und wir trafen einander nach den Ferien. Stolz verkündete ich: “Also, ich hab schon sieben Geschichten fertig. Wie viele hast Du geschrieben?” “Ich bin noch gar nicht dazugekommen, mir darüber den Kopf zu zerbrechen”, sagte der sichtlich ausgeruhte Bronner. “Na hörst Du, ich kann doch nicht alle elf Geschichten allein schreiben!” Bronner musterte mich kurz: “Warum nicht, wenn eine davon schlecht geworden wäre, hätte ich es Dir schon gesagt.

*

Peter Wehle, nach Bronner ewiger Zweiter, der sich manchmal unterdrückt vorkam, stürzte aufgekratzt ins Studio und teilte uns aufgeregt, fast stolz mit: "Stellt Euch vor, mein Bub hat schwere Grippe und 39,8 Fieber!!" Bronner lächelte hämisch: "Pudel Dich nicht auf, meiner hat *vierzig komma zwei!*" Wehle, gebrochen: "Wieder nix......"

*

Vor langer Zeit wurde ich zum ersten Mal formell in Bronners Blockhaus am Neusiedlersee eingeladen. Wir schrieben gemeinsam an Liedern für eine Schallplatte. Nach getaner Arbeit sagte Bronner: "Machen Sie es sich gemütlich, ich geh vor dem Nachtmahl noch ein bißchen segeln." Ich setzte mich auf die Terrasse und genoß die Sonne und den frischen Wind. Es war ein hübsches Bild, wie sich die Segel der vielen Boote blähten und die Wellen kleine Schaumkronen bildeten. Durch ein imponierend großes Fernrohr schauend, das fix am Tisch montiert war, sah ich in weiter, unendlicher Ferne ein gekentertes Boot und sagte zur Gattin Bronners: "Da draußen ziehen Zoll- und Gendarmerieboote ein gekentertes Schiff aus dem Schilf." Die Gattin erbleichte, und ohne einen Blick durchs Fernglas zu werfen, rief sie: "Um Gotteswillen, wenn die Burschen das Boot und meinen Mann bringen, muß ich Essen und Trinken für mindestens zehn Personen herrichten!!" Ich reagierte erstaunt: "Aber wie können Sie annehmen, daß Herr Bronner gekentert ist?" Während die Gattin in die Küche enteilte, sprach sie den denkwürdigen Satz: "Es ist *immer* der Bronner!"

*

Dieser Satz, aus dem Zusammenhang der Anekdote herausgelöst, charakterisiert die Wirkung besser, als es jedes hochgestochene Essay könnte. Wenn es jemanden gibt, der die Leute, gleichgültig, ob im positiven oder negativen Sinn, nicht kalt läßt: Es ist *immer* der Bronner..... Dazu muß festgestellt werden: Bedingungslose Zuneigung wie bedingungslose Abneigung sind Auszeichnungen, die nicht jedem Menschen in seinem Leben widerfahren - geschweige denn gebühren. Mehr kann einer nicht erreichen.

Lore Krainer

Wie schreibt man ein ungeschriebenes Buch?

Ein Mann - so heißt es - soll, um auf ein erfülltes Leben zurückblicken zu können, einen Sohn gezeugt, einen Baum gepflanzt und ein Buch geschrieben haben.

Ersteres war kein Problem: ich zeugte meinen ersten Sohn schon im zarten Alter von 19 Jahren, ohne mich danach auf irgendwelchen Lorbeeren auszuruhen, denn im Laufe der Zeit folgten noch zwei weitere Söhne nach. Daß ich auch noch eine Tochter zustandebrachte, das war offensichtlich eine Fleißaufgabe, die mit der oberwähnten Maxime nichts zu tun hat.

Was das Bäumepflanzen betrifft, so habe ich auch auf diesem Gebiet mein Soll übererfüllt, und das kam so: zwei meiner Kinder wurden - wahrlich ohne mein Zutun - von ihrer Mutter katholisch aufgezogen. Das bedeutete, daß jedes Jahr zu Weihnachten ein Christbaum auf meinem Klavier zu stehen hatte, was mich schon einmal empfindlich irritierte. Noch mehr aber störte es meine jüdische Krämerseele, daß immer nach den Feiertagen der festlich geschmückte Baum abgeräumt und verheizt wurde. Da sprach ich eines Tages ein Machtwort:

"Der nächste Christbaum muß so beschaffen sein, daß man ihn nach Gebrauch im Garten einpflanzen kann !"

Und so geschah's. In meinem ehemaligen Garten stehen etliche emeritierte Christbäume, die dort ein behagliches Ausgedinge genießen und in der Zwischenzeit so groß geworden sind, daß mein Klavier vermutlich unter ihrer Last zusammenbrechen würde.

Viel komplizierter verhält es sich mit dem Schreiben eines Buches. Davor bin ich immer zurückgeschreckt. Denn bei jeder Buchmesse kann sich der objektive Besucher federnden Schrittes davon überzeugen, daß Jahr für Jahr viel zu viele Bücher veröffentlicht werden. Wenn wir zu dieser unüberschaubaren Menge noch jene Bücher hinzurechnen, die jeder von uns ungelesen in seinem Bücherregal verstaut hat, dann kommt eine fürwahr astronomische Summe heraus. Eine Zahl, die meine Vorstellungskraft um Lichtdezennien übersteigt. Und dabei ist hier nur von der Anzahl der Bücher die Rede, nicht vom Inhalt derselben.

Man stelle sich vor: der Schreiber jedes einzelnen, ungelesenen Buches hat dieses unter ungeheuren Zeugungsqualen auf blütenweißem Papier festgehalten, und zwar in der festen Überzeugung, seiner Mit- und Nachwelt Gedanken zu vermitteln, die man ohne ihn niemals gedacht hätte. Jeder einzelne dieser armen Teufeln war während seiner sysiphusgleichen Tätigkeit felsenfest davon überzeugt, daß er an der Kultur des Abendlandes eine unverzeihliche Unterlassungssünde begehen würde, wenn er, statt zu schreiben, einer vernünftigen Tätigkeit - etwa Patiencelegen oder Strümpfestopfen - nachgehen würde. Er (oder sie) hält also bis zur letzten Seite durch, liefert das Manuskript gerade noch zeitgerecht beim Verleger ab, dieser druckt es in Windeseile, damit es möglichst noch im Weihnachtssortiment angeboten werden kann, einige wenige Literaturkritiker schreiben - ohne das Buch je gelesen zu haben - Teile des Klappentextes ab und nennen es "Kritik" - und dann beginnt das große Nägelbeißen: wird das Buch ein Bestseller, oder verstaubt es auf den Regalen, um nach einem knappen Jahr zu einem Bruchteil des Gestehungspreises verramscht zu werden.

Dies alles bedenkend, habe ich mich vor Jahren schon entschlossen, kein Buch zu schreiben. Selbst auf die Gefahr hin, daß ich am Ende meiner Tage nicht in der Lage sein würde, auf ein "erfülltes Leben" (siehe oben) zurückblicken zu können.

*

Nun wird sich jeder, der diese Zeilen bis dato gelesen hat, mit Recht fragen: "Was habe ich da in der Hand, wenn nicht ein Buch? Und wenn der Mensch, der zugegebenermaßen nie ein Buch schreiben wollte, ein solches veröffentlicht - wie ist es eigentlich entstanden, wenn nicht durch Schreiben?"

Eine gute - ja, eine berechtigte Frage.

Ich bekenne mich also schuldig, in meinem Leben sehr viel geschrieben zu haben. So viel, daß damit etliche Buchbände zu füllen wären, wollte man jemals meine "Gesammelten Werke" veröffentlichen. Doch der allergrößte Teil meiner Schreibereien war nicht zum Lesen, sondern zum Vortragen - nein, reden wir nicht um den heißen Brei herum - er war zum Singen bestimmt. Mit anderen Worten: fünfzig Prozent des von mir Geschriebenen war Musik. Und Musik paßt eben nicht zwischen zwei Buchdeckeln. Dort verkümmert sie endgültig - sofern sie nicht schon im Laufe der Zeit von einer neuen Stilrichtung der Unterhaltungsmusik zum alten Eisen geworfen wurde. Und was die andere Hälfte betrifft - nämlich den Text - so muß ich gestehen, daß dieser durchwegs gereimt ist.

Würde ich also auf den abstrusen Gedanken kommen, meine Lied- oder Chansontexte in einem Buch zu veröffentlichen, dann hätte dieses eine fatale Ähnlichkeit mit einem Lyrikband. Und in Zeiten wie diesen einen Lyrikband zu publizieren, das kann und darf ich auch dem philantropischesten Verleger nicht zumuten.

Es wäre noch ein gerüttelt Maß an Theaterstücken, Cabaret-Szenen und Doppelconférencen zu erwähnen, das im Laufe der vielen Jahre meiner werten Feder entfloß. Doch all diese Texte wurden geschrieben, um auf der Bühne gespielt - und nicht im trauten Kämmerlein gelesen zu werden. Würde der Leser diese oder jene Pointe, über die er einst im Theater herzlich gelacht hat, nun zu lesen bekommen, dann würde er sich immer wieder fragen: "Wieso ist mir das damals so komisch vorgekommen?"

Was ihm dazu fehlt, ist ganz einfach die jahrelang geschulte "vis comica" des Menschen auf der Bühne, der die papierene Pointe zum Leben erweckt hat. Und dazu fehlt noch das Kollektiverlebnis, das nur in einem Theatersaal entstehen kann: die Komplizenschaft zwischen den Leuten auf der Cabaret-Bühne und jenen im Zuschauerraum, das undefinierbare Ping-Pongspiel - hie Pointe, dort Gelächter - für das es keine Spielregel gibt, und gäbe es sie, dann wäre das Spiel zu Ende.

Daher wird der - hoffentlich immer noch - geneigte Leser auch keine Cabaret-Texte in diesem Buch vorfinden.

*

"Hat er also doch meuchlings ein Buch geschrieben?" fragt sich nun dieser oder jener - vielleicht sogar alle beide. Nein, antworte ich ohne Zögern, ich habe kein Buch geschrieben. Ich habe nur allerlei Ungereimtes aus meinem Archiv hervorgeholt, das mir beim nochmaligen Durchlesen irgendwie lesenswert erschien. Darunter befinden sich Texte, die während der vergangenen vierzig Jahre aus den obskursten Anlässen entstanden sind: für Programmhefte meiner diversen Cabaret-Programme, für die Rückseiten von Schallplattenumschlägen und für die Feuilletonseiten längst vergessener Zeitungen. Dazu kommen Elogen und Polemiken, Betrachtungen über einige meiner Kollegen, über etliche meiner Zeitgenossen und über meinen seltsamen Beruf.

Ob, und wie weit die vielen Ungereimtheiten zwischen diesen beiden Buchdeckeln Anspruch auf das Interesse einer Leserschaft haben, wage ich nicht zu beurteilen. Ich habe, seit ich in diesem Beruf tätig bin, immer nur eine Minderheit des Publikums bedient. Ich kann nur hoffen, daß diese Minderheit so groß ist, wie die erste Auflage dieses ungeschriebenen Buches.

Wenn nicht, dann wird die Restauflage - wie das eben so üblich ist - in absehbarer Zeit verramscht werden und mein Buch (das ich Gottseidank nicht geschrieben habe) wird in den Schaufenstern der Diskontbuchhändler zu einem Bruchteil des Neupreises angeboten werden. Dort könnte es sich vielleicht sogar - solange der bescheidene Vorrat reicht - zu einem Bestseller entwickeln.

Als Trost bliebe mir immerhin die Überlegung, daß mein nichtgeschriebenes Buch in den Regalen der Verramsch-Läden in bester Gesellschaft wäre.

MENSCHEN

Aussuchen kann man sich nur seine Feinde. Freunde passieren einem - wenn man Glück hat.

Dimitri Schostakowitsch, einer der wesentlichsten Musiker dieses Jahrhunderts, weigerte sich Zeit seines Lebens, eine Autobiographie zu verfassen.

Er ging sogar einen Schritt weiter: als der Musikschriftsteller Solomon Volkow ihn um ein längeres Interview bat, um daraus seine Lebensgeschichte zu formen, lehnte er auch dies ab.

Seine Begründung war eine höchst einfache:

"Alles, was ich über mein Leben zu sagen habe, ist in meiner Musik enthalten."

Darauf erwiderte Volkow: "Das muß ich selbstverständlich akzeptieren. Daher mache ich Ihnen einen Vorschlag, Meister: sprechen Sie nicht über sich, sondern über die Menschen, mit denen Sie in Ihrem Leben zu tun hatten. Wer zwischen den Zeilen zu lesen versteht, wird daraus mehr über Sie erfahren, als wenn Sie Ihr Leben erzählen würden."

Und so entstand eine der bemerkenswertesten Musikerbiographien, die ich je verschlungen habe.

Leider habe ich keinen Solomon Volkow zur Hand (vielleicht liegt das daran, daß ich kein Schostakowitsch bin), daher muß ich selbst in die Tasten greifen - diesmal sind es Schreibmaschinentasten - um einige der Menschen, die Teil meines Lebens wurden, kurz zu skizzieren.

Sollte die berückende Leserin, bzw. der bezaubernde Leser daraus irgendwelche Schlüsse ziehen, die meine Person betreffen, kann ich nichts dagegen unternehmen.

Ich will über meine Freunde kein Urteil fällen. Ich will daher nicht schreiben, daß dieser paranoid, oder jener depressiv war. Ich will auch nicht erwähnen, daß einige, mir sehr kostbare Menschen - unbeschadet ihrer Intelligenz - oft unter chronischer Eitelkeit litten, daß sie manchmal von erstaunlicher Blödheit sein konnten und, wenn es darauf ankam, sogar charakterlos.

Diese Negativa änderten nichts an der Tatsache, daß sie meine Freunde waren und daß mein Leben ohne sie sicherlich ganz anders verlaufen wäre.

Ich werde daher kein Psychogramm meiner Freunde entwerfen (geschweige denn, mein eigenes). Ich werde vielmehr über jeden einzelnen einige kurze, verbürgt wahre Anekdoten erzählen, die über ihn - vermutlich auch über mich - mehr aussagen, als eine seitenlange Biographie.

Friedrich Torberg

Er war nicht nur ein zurecht höchst angesehener Schriftsteller, Essayist, Polemiker, Pamphletist, Kritiker und Anekdotenerzähler - er war auch bis zu seinem Lebensende mein Nachbar.

Ich kann mich im Verlauf der vielen Jahre, die wir ein Grundstück miteinander bewohnten, an keinen Streit, nicht einmal an eine wesentliche Meinungsverschiedenheit erinnern - bis auf eine: er hatte einen etwas eigenwilligen Zugang zur Musik, wie sich das für einen Mann des Wortes geziemt.

Es gab genau genommen nur zwei Komponisten, für die er etwas übrig hatte; und zwar Jacques Offenbach und Gustav Mahler. Den ersteren schätzte er, weil er als junger Mensch in seinen Lehr- und Wanderjahren "zu Füßen des Karl Kraus sitzen durfte" (wie er das zu formulieren pflegte) und Karl Kraus bekanntlich Offenbach nicht nur neu übersetzt hatte, sondern auch in etlichen Lesungen vorzutragen pflegte. Seine Beziehung zu Mahler hingegen basierte auf einer (mir nicht ganz erklärlichen) Freundschaft zur notorischen Berufswitwe Alma Mahler-Werfel.

Natürlich wußte er, daß es außer diesen beiden Komponisten noch etliche andere gab, die auch kein Schmutz waren - er hätte daher auch niemals ein abwertendes Wort über Mozart oder Beethoven geäußert - aber er wäre nie auf die Idee gekommen, sich deren Musik zu seinem Vergnügen anzuhören.

Irgendwann kamen wir auf die Offenbach-Übersetzungen des Karl Kraus zu sprechen und ich erlaubte mir die Bemerkung, daß ich sie für überschätzt hielte.

"Wie kannst Du nur so einen Blödsinn behaupten?" pfauchte er mich an. "Diese Übersetzungen sind viel besser, als die Originaltexte!"

"Vielleicht vom literarischen Gesichtspunkt aus gesehen", räumte ich ein. "Aber sie ordnen sich nicht der Musik unter. An manchen Stellen wird die Musik von den Texten fast vergewaltigt, und das tut einem Musiker weh."

"Hör auf, aus der Musik eine Geheimwissenschaft zu machen und komm' mir nicht mit Argumenten, für die es keine Beweise gibt. Tatsache ist, daß Karl Kraus im deutschen Sprachraum mehr für Offenbach getan hat, als sämtliche Musikanten, die sich jemals an ihm vergriffen haben."

"Dann erkläre mir bitte schön, woran es liegt, daß kein Opern- oder Operettenhaus bereit ist, freiwillig eine Kraus-Bearbeitung von Offenbach zu spielen. Und wenn es hin und wieder doch geschieht, dann geht sie baden."

"Das liegt einerseits an der Borniertheit der Intendanten, andererseits an der Blödheit des Operettenpublikums."

Diesen Argumenten zu widersprechen, fiel mir schwer, denn ich war - wenn auch aus anderen Motiven - durchaus seiner Meinung. Daher dachte ich einige Augenblicke nach, ehe ich mich zu folgender Behauptung aufschwang:

"Vielleicht liegt es auch daran, daß Karl Kraus unmusikalisch war..."

Torberg war, wie schon erwähnt, ein Mann des Wortes. Und es waren sehr viele Worte, die plötzlich auf mich niederprasselten. Soweit ich mich erinnern kann, war keines von ihnen schmeichelhaft, eher das Gegenteil.

Am Ende seiner Suada schieden wir in Unfrieden und gingen uns tatsächlich einige Tage lang aus dem Weg. Das Thema Offenbach, oder gar Karl Kraus, wurde nie mehr angeschnitten.

Einige Wochen danach kam Franz Mittler, um uns zu besuchen. Mittler - heute nur noch in eingeweihten Kreisen als Schöpfer genialischer Schüttelreime bekannt - verfaßte als junger Mensch etliche eigene Kompositionen, die sogar von der ehrwürdigen "Universal-Edition" verlegt worden waren. Er aber war klug genug, zu erkennen, daß er neben den Giganten der "Wiener Schule" nicht bestehen konnte, gab das Komponieren auf und lebte fortan als ständiger Klavierbegleiter von Karl Kraus. Bei Kriegsausbruch ging er nach Amerika und arbeitete in irgendeinem obskuren College als Musikprofessor. Irgendwann in den Fünfzigerjahren setzte er sich zur Ruhe, zog in ein kleines Nest nach Bayern und verbrachte seinen Lebensabend als Organist einer Dorfkirche.

Nun saßen wir also zu dritt bei Kaffee und Kuchen und unterhielten uns über alle möglichen brotlosen Künste, wie zum Beispiel das Verfassen von Schüttelreimen, etwa:

"Macht man denn aus Kalk die Terzen?"
"Nein, man macht aus Talg die Kerzen."
"Heißt es drum kerziärer Talg?"
"Nein, es heißt terziärer Kalk."

Torberg und ich ergingen uns in Superlativen der Begeisterung. Dann wandte sich Torberg an mich:

"Siehst Du, so etwas kann nur einem Menschen einfallen, der jahrelang im Dunstkreis von Karl Kraus gelebt hat."

Mittler zog verwundert die Augenbrauen hoch, doch er sagte nichts.

Also fühlte ich mich verpflichtet, das Wort zu ergreifen:

"Soviel ich weiß, hat Kraus nie im Leben einen Schüttelreim geschrieben."

"Das ist doch wurscht", belehrte mich Torberg etwas lautstark. "Es geht um die Hintergründigkeit der Sprache, um den doppelten Boden der Worte, um all das, was Du nie im Leben verstehen wirst, weil Du eben nur ein Musiker bist."

Mittlers Augenbrauen gingen um ein weiteres Stück in die Höhe. Dies empfand ich als Ermutigung für die folgende Frage:

"Ich wollte Sie schon längst einmal fragen, lieber Mittler: war Karl Kraus eigentlich musikalisch, oder nicht?"

"Warum fragen Sie?"

"Weil ich der Ansicht bin, daß er unmusikalisch gewesen sein muß."

Daraufhin geriet Mittler nahezu in Verzückung:

"Endlich ein Mensch, dem das aufgefallen ist! Der Mann war unmusikalisch wie ein Pferd mit Schweinsohren! Sie können sich gar nicht vorstellen, wie ich mich mit ihm beim Korrepetieren geplagt habe. Nicht einmal "Hänschen klein" hat er fehlerfrei singen können, geschweige denn einen Offenbach..."

Ich lächelte Torberg freundlich an, doch er wich meinem Blick aus.

Nachdem Mittler gegangen war, sagte er: "Was versteht schon ein Klavierspieler von..." - hier stockte er eine Schrecksekunde lang. Ich bin ziemlich sicher, daß er sagen wollte "...von Musik." Doch er verbesserte sich im letzten Moment. Er sagte vielmehr: "Was versteht schon ein Klavierspieler von Karl Kraus?"

Bekanntlich hat niemand gern unrecht. Allerdings kannte ich wenige Menschen, die so ungern unrecht hatten wie mein Freund Friedrich Torberg.

*

Weil er aber der Torberg war und nicht irgendein rechthaberischer, eitler Fatzke, war er auch in der Lage, sich über sein chronisches Recht-haben-müssen lustig zu machen. Und das geht aus folgender Geschichte hervor:

Das Grundstück, das wir gemeinsam bewohnten, war im Wienerwald gelegen, also nicht in Wien, sondern in Niederösterreich. Zum Zeitpunkt, als wir dort ansässig wurden, gab es noch kein digitales Telephonnetz, das heißt, daß man von der Post ein vorsintflutliches Handkurbeltelephon zur Verfügung gestellt bekam, mit dem man zum Postamt Verbindung aufnehmen mußte (natürlich nur während der Amtsstunden). Dort hatte man dem Postfräulein die gewünschte Nummer bekannt zu geben, worauf man mit dem Gesprächspartner verbunden wurde - oder nicht.

Das war natürlich auf die Dauer ein untragbarer Zustand, daher ersuchte ich die Post um die Genehmigung, direkt an das Wiener Telephonnetz angeschlossen zu werden. Die dafür zu entrichtende Summe war für die damalige Zeit zwar astronomisch, aber die Ausgabe war aus beruflichen Gründen nicht zu umgehen.

**Gerhard Bronner/
Marietta Torberg/
Friedrich Torberg**
Palais Schwarzenberg,
Wien 1978
Foto: Foto Zentrum/Reiberger

**Friedrich Torberg/
Gerhard Bronner**
Fledermaus "Torberg Stüberl",
Wien 1973
Foto: Privat

**Carl Merz/Gerhard Bronner/
Helmut Qualtinger**
Intimes Theater, Wien 1956
Foto: Privat

**Fritz Eckhardt/
Hans Moser/Oskar Sima**
"Ehesanatorium" 1955
Foto: Archiv

Als ich endlich die heißersehnte Wiener Nummer hatte, teilte ich sie allen Freunden und Kollegen mit.

“Meine neue Nummer lautet 86-06-92. Man kann sie sich ganz leicht merken, weil 86 und 6 ist 92.”

Kurz danach folgte Torberg meinem Beispiel und ließ sich auch eine Wiener Telephonnummer verpassen. Nachdem er sie bekommen hatte, gab er sie mir folgendermaßen kund:

“Meine neue Nummer lautet 86-11-93. Die ist sehr leicht zu merken, weil 86 und 11 ist 93.”

“Das stimmt doch nicht”, sagte ich nach kurzem Nachdenken.

“Natürlich stimmt das nicht”, erwiderte Torberg freundlich grinsend. “Aber so kann man sie sich merken.”

Und er sollte recht behalten, wie in 999 von 1000 Fällen. So ist mir seine Telephonnummer bis zum heutigen Tag im Gedächtnis geblieben.

Und nicht nur seine Telephonnummer...

Carl Merz

Er war sicherlich einer der negativsten Menschen, die ich je kannte - und gleichzeitig einer der liebenswertesten. Er verbrachte sein ganzes Leben im Schatten, nicht weil es ihm dort so gut gefiel, sondern vielmehr, weil er klug genug war, um zu wissen, daß er sich im Licht auch nicht besser gefühlt hätte.

Er besaß eine wunderschöne, für einen Junggesellen viel zu große Altbauwohnung in der Inneren Stadt, in der wir uns regelmäßig trafen, wenn wir an irgendeinem gemeinsamen Projekt zu arbeiten hatten.

Irgendwann in den frühen Fünfzigerjahren schrieben wir das Drehbuch für einen zurecht längst vergessenen Film, der uns beide nicht sehr interessierte. Wir machten daher mehr Arbeitspausen, als dem Fortschreiten des Projekts dienlich gewesen wäre. In einer dieser vielen Pausen sagte ich beiläufig:

“Das ist eigentlich eine wunderschöne Wohnung, die Du da hast.”

“Ja, die Wohnung ist an sich nicht schlecht - sie hat nur einen großen Nachteil: die Küche ist zu weit von meinem Schlafzimmer entfernt.”

“Was stört Dich daran?”

"Der einzige Gasanschluß, den ich in der Wohnung habe, ist in der Küche und ich wollte mir einen weiteren Anschluß ins Schlafzimmer verlegen lassen, aber das ist so weit, daß der Installateur dafür ein Irrsinnsgeld verlangt hat."

"Bitte erklär' mir, wozu Du im Schlafzimmer einen Gasanschluß brauchst. Du hast doch Zentralheizung in der Wohnung."

"Zum Heizen brauch' ich das Gas auch nicht."

"Wozu denn?"

"Wenn ich mich eines Tages umbringen sollte, wäre es natürlich wunderschön, wenn ich einfach das Gas aufdrehe, mich ins Bett lege, in Ruhe einschlafe und am nächsten Tag, statt aufzuwachen, kann mich die ganze Welt..."

"Entschuldige Carry, aber das ist Blödsinn", versuchte ich, hilfreich zu sein. "Wenn es Dir eines Tages wirklich ernst sein sollte, kannst Du das genau so gut in der Küche erledigen..."

"Nein, das ist nicht bequem. Ich hab keine Lust, mit dem Kopf im Backrohr umzukommen, das ist niveaulos."

"Na was ist, wenn Du Dir ein Klappbett in die Küche stellst?"

"Ich hab kein Klappbett. Und ich bin nicht bereit, mir eines zu kaufen, um mich *einmal* hineinzulegen und dann nie wieder."

Das war der Punkt, wo mir der Dialog zu surreal wurde. Ich wechselte daher das Thema und schlug vor, weiterzuarbeiten.

Den Film, den wir damals schrieben, haben wir übrigens beide nie gesehen, und ich bin ziemlich sicher, daß wir nichts versäumt haben.

*

Als ich im Jahre 1956 mein erstes Theater gründete, fragte ich Carl Merz, ob er bereit wäre, sich daran finanziell zu beteiligen.

"Das kommt überhaupt nicht in Frage", sagte er ohne nachzudenken.

"Warum nicht? Du hast doch viel mehr Geld als ich."

"Weil jedes Theaterunternehmen, an dem ich je beteiligt war, nach kurzer Zeit pleite gegangen ist."

"Du wirst doch nicht vielleicht abergläubisch sein, Carry?"

"Jeder Mensch muß irgendeinen Glauben haben - meiner ist der Aberglaube."

*

Das Theater wurde kurz danach eröffnet - natürlich ohne, daß sich Merz daran finanziell beteiligt hätte - und es erwies sich schon nach wenigen Tagen als künstlerischer und finanzieller Riesenerfolg.

Merz, als Rangältester im Ensemble, hatte sich selbstverständlich die größte und schönste Garderobe des Theaters ausgesucht und war nicht bereit, sie mit irgendeinem seiner Kollegen zu teilen.

Er konnte natürlich nicht wissen, daß sich direkt oberhalb seiner Garderobe die Publikumstoiletten befanden, deren Armaturen und Abflußrohre ziemlich schleißig waren. Und schon nach wenigen Tagen kam, was kommen mußte: irgendein Abflußrohr war geborsten und sein ganzer scheußlicher Inhalt strömte durch die Decke direkt in die feudale Garderobe unseres Carl Merz.

Und weil die Tücke des Objektes bekanntlich nicht auf halbem Weg stehenzubleiben pflegt, ergoß sich der gesammelte Unflat der Toilette nicht etwa auf den Fußboden bzw. auf irgendwelche Möbelstücke in der Garderobe. Nein, der Löwenanteil verteilte sich über sämtliche Kostüme, die Merz in diesem Programm anzuziehen hatte - und das mitten in der Vorstellung.

Jeder andere wäre entsetzt, ratlos oder verzweifelt gewesen, hätte einen Wutausbruch bekommen, oder wäre fluchend aus dem Theater gegangen. Nicht so Carl Merz.

Er stand mit seinen bestialisch stinkenden Kostümen am Arm im Garderobengang und rief freudestrahlend:

"Kinder, nach der Vorstellung lade ich zum Sekt ein! Ein Theater, wo einem die Scheiße durch die Wände auf den Kopf rinnt, muß ein Erfolg werden...!"

Seine Prophezeiung traf vollinhaltlich ein. Das Theater war täglich ausverkauft. Nach dem ersten Monat erstellte meine Sekretärin die Tantiemenabrechnung für die Autoren und wir waren alle freudig überrascht. Es war viel mehr Geld, als wir je erwartet hätten, am Cabaret verdienen zu können.

Während wir gemeinsam von der Bühne abgingen, fragte ich Carl Merz:

"Was sagst Du zu dieser Tantiemenabrechnung, Carry?"

"Großartig! Jetzt kann ich mir endlich die teure Gasleitung ins Schlafzimmer legen lassen."

*

Carl Merz war eine Negativkopie dessen, was man allgemein als normal bezeichnen würde.

Fäkalien, die durch die Decke tropfen, waren für ihn ein Anlaß, seine Kollegen zum Sekt einzuladen.

Bei einer unerwartet hohen Tantiemenabrechnung hingegen dachte er an Selbstmord.

Trotzdem war er einer der liebenswertesten Menschen, mit denen ich je zu tun hatte - oder vielleicht gerade deshalb...

Hans Weigel (1986)

Sein Name war mir ein Begriff, seit ich als Halbwüchsiger im Theater an der Wien das Singspiel "Axel an der Himmelstür" gesehen hatte. Meinen gleichaltrigen Freunden fiel damals hauptsächlich das wogende Dekolleté der Zarah Leander auf, mich hingegen begeisterten die ungemein pointierten Liedtexte viel mehr. Als Max Hansen sein Auftrittslied sang mit dem Kehrreim:

"Der Dumme hat's Glück - so heißt's alle Zeit,
Ich aber hab' Pech - folglich bin ich gescheit"

da schaute ich ins Programmheft, um zu erfahren, wer diesen Text geschrieben hatte, und so las ich zum ersten Mal den Namen "Hans Weigel".

Als ich ihm das viele Jahre später erzählte, war er eher peinlich berührt. Er liebte es nicht, mit "Axel an der Himmerlstür" in Verbindung gebracht zu werden. Hauptberuflich war er damals Hausautor einiger Kleinstkunstbühnen, die in der Krisenzeit der Dreißigerjahre in ganz Wien wie die Pilze aus dem Boden schossen. Und obwohl er an "Axel an der Himmelstür" mehr verdient hatte, als an sämtlichen seiner Cabaretnummern zusammen, betrachtete er seinen ersten großen kommerziellen Erfolg herablassend als "Jugendsünde".

Ich lernte ihn erst in den Fünfzigerjahren näher kennen, und das kam so: es begab sich, daß die große Schauspielerin Käthe Dorsch über einen Nebensatz in einer Weigel-Kritik so verschnupft war, daß sie nach Lektüre derselben schnurstracks in sein Stammcafé ging, um ihn dortselbst zu ohrfeigen. Natürlich ergab sich daraus das Tagesgespräch von Wien, es gab hitzige Diskussionen pro und kontra, deren einige angeblich auch in Watschenduellen ausgeartet sein sollen.

Raoul Aslan, der damalige Doyen des Burgtheaterensembles, verstieg sich sogar zur Behauptung, daß Kritiker, die sich unterstehen, das heilige Burgtheater in den Dreck zu zerren, öffentlich gehenkt werden sollten.

Und da wurde es mir zuviel. Bis dahin verhielt ich mich in dieser Sache eher neutral, unter anderem deshalb, weil ich insgeheim auch der Ansicht war, daß Theaterkritiker hin und wieder geohrfeigt werden sollten. Doch nach Aslans Tirade setzte ich mich hin und schrieb eine Nummer namens "Hit me Kate", in der ich ziemlich radikal gegen die Dorsch und vor allem gegen Aslan satirisch Stellung bezog. Die Nummer entpuppte sich als so erfolgreich, daß ich sie an manchen Abenden zwei- oder dreimal singen mußte.

Und so kam Hans Weigel eines Abends in meine "Marietta-Bar", um sich die Nummer anzuhören. Statt irgendwelche Komplimente von sich zu geben, kam er am nächsten Abend wieder und brachte einige Freunde mit. Wir kamen ins Gespräch, unsere Unterhaltungen dauerten von Mal zu Mal länger, und einige Wochen später - inzwischen war er schon längst Stammgast geworden - stellte er beiläufig fest:

"Wenn's so weitergeht, wird das noch in Freundschaft ausarten."

Als ich kurz danach mein Theater gründete, kam er ständig zu den Proben, um uns mit Rat und Tat zur Seite zu stehen. Als ich ihn scherzhaft zum "ersten künstlerischen Konsulenten" des Theaters ernannte, ließ er sich prompt eine Stampiglie anfertigen, mit der er sämtliche, an mich gerichtete Briefe, Post- und Ansichtskarten, verzierte.

Bald begannen wir, miteinander zu arbeiten. Ich vertonte etliche seiner Texte, darunter ein höchst erfolgreiches Chanson mit dem Refrain:

"Was nützt mir denn das viele Geld
In Bielefeld, in Bielefeld..."

In den Siebzigerjahren spannte er mich als Klavierbegleiter der großartigen Elfriede Ott ein, und daraus ergab sich eine neue Form der Zusammenarbeit mit Weigel, die in zahllosen Aufführungen im In- und Ausland mündete.

All das erzähle ich nicht, um mich zu berühmen. Nein, ich will nur dokumentieren, wie nahe wir uns im Laufe der Jahre gekommen sind, der Weigel und ich.

Es gab allerdings ein Thema, über das wir uns nicht verständigen konnten: seine Einstellung zum Judentum und zum Antisemitismus. Daß er kein Jude sein wollte, war ich bereit, zu akzeptieren - aber, daß er den Judenhaß bagatellisierte, manchmal sogar wegzuleugnen versuchte, das war mir unverständlich.

Nach einigen diesbezüglichen Diskussionen beschlossen wir stillschweigend, dieses Thema zu meiden. Und es gelang uns auch über Jahre hinweg.

Dann, im Jahre 1986, veröffentlichte er ein Buch mit dem Titel "Man kann nicht ruhig darüber reden", in dem er all das, was wir unserer Freundschaft zuliebe totschweigen wollten, niederschrieb.

Da beschloß ich, auch etwas zu schreiben:

Der Mann mit der Zigarette

Es war einmal ein Haus, das infolge einer gewaltigen Gasexplosion völlig zerstört wurde. Nachdem das Haus mit unsagbarer Mühe wieder aufgebaut worden war, legte man größten Wert darauf, ganz besonders solide und dichte Gasleitungen zu installieren. Es wurden Fachleute aus aller Welt herangezogen, um das neuerrichtete Haus nach den letzten und besten Erkenntnissen der Wissenschaft vor weiteren Katastrophen zu bewahren - und siehe da: im neuen Haus gab es keinen Gasgeruch mehr; man war ziemlich sicher, daß es nie wieder zu einer Gasexplosion kommen könnte.

Jahre vergingen, die Achtsamkeit ließ nach. Mit der Zeit wurde da oder dort eine Nebenleitung ein bißchen porös, aber man kümmerte sich nicht weiter darum, denn das Haus stand auf soliden Fundamenten, und alle, die darin wohnten, waren sich darüber einig, daß es nie wieder zu einer Explosion kommen dürfe. Die schadhaften Gasleitungen wurden sorgfältig isoliert und man konnte wieder ruhig schlafen. Mit der Zeit aber häuften sich aus unerklärlichen Gründen die undichten Stellen in den weitverzweigten Armaturen der Gasleitungen. Da wurde ein Ventil kaputt, dort ging eine Dichtung flöten und Leute mit empfindlichen Nasen begannen - wenn auch nur hinter vorgehaltener Hand - von Gestank zu reden.

Sie wurden sogleich von höchster Stelle beruhigt: diesen Gestank wolle doch niemand haben, man sähe Gespenster und überhaupt - man möge doch nicht so empfindlich sein.

Diese gutgemeinten Worte änderten jedoch nichts daran, daß der Gasgeruch immer stärker wurde. Also wurden Kommissionen eingesetzt, Symposien einberufen, Kongresse abgehalten, in denen einhellig der Gasgestank als solcher verurteilt wurde. Ja mehr noch: alle Fachleute waren sich darüber einig, daß die Gefahr nicht auf die leichte Schulter genommen werden dürfe, denn gerade in einem Haus, das schon einmal durch eine Gasexplosion völlig zerstört wurde, müsse man doppelt und dreifach auf der Hut sein.

An größere Reparaturen oder gar Instandsetzungsarbeiten an den schadhaften Gasleitungen aber dachte kein Mensch. Also strömte auch weiterhin das Gas ungehindert durch die schadhaften Leitungen und verpestete die einst so gute Luft. Die Bewohner des Hauses hielten sich die Nasen zu und sprachen nicht mehr darüber. Im Gegenteil: man gewöhnte sich an den Geruch. Manche fanden ihn sogar recht angenehm, hüteten sich aber, dies in der Öffentlichkeit zuzugeben, denn offiziell wollte das ja niemand haben.

Und als dann eines Tages der Gestank so arg war, daß ihn keiner mehr ignorieren konnte, als das Gas nahezu ungehindert aus allen porösen und schadhaften Leitungen ausströmen konnte - da kam einer, der alt genug war, um die erste katastrophale Zerstörung des Hauses bewußt miterlebt zu haben. Alle erwarteten sich von ihm, daß er nun die rechten, mahnenden Worte finden würde, um die drohende Gefahr ein für alle Mal zu bannen.

Doch er tat nichts dergleichen. Im Gegenteil: er zündete eine Zigarette an.

Der Mann heißt Hans Weigel.

*

Als in den Fünfzigerjahren die furchtbare Witz-Anthologie der unseligen Salcia Landmann unter dem verwegenen Titel "Der jüdische Witz" erschien, entpuppte sie sich als gewaltiger Bestseller. Besonders in nichtjüdischen Kreisen machte das Buch Furore. Selbstkritische Späße, mehr aus der Verzweiflung, als aus der Vergnügungssucht geboren, machten Jahrzehnte nach ihrer Entstehung die Runde - und zwar hauptsächlich in Kreisen, die als Verursacher der Verzweiflung galten.

Eines Abends erzählte mir ein Wiener Polizist beim Würstelstand einen solchen bösen Judenwitz. Als die Pointe - nicht eben begabt vorgetragen - vorbei war, sollte ich lachen. Ich tat es aber nicht. Ich sah den Mann zweifelnd an. Er spürte, daß er in irgendeinen Fettnapf getreten war und sagte: "Bitte, das kann man jetzt wieder erzählen. Das steht ja im Buch von der Frau Landmann - und die ist ja selber mosaisch! "

Hans Weigel wird auch oft zitiert werden.

Er selbst hat in seinem neuen Buch auch hin und wieder zitiert. Zum Beispiel sagte er nicht selbst, daß Israel ein "faschistoider Staat" ist. Nein, er zitierte Bruno Kreisky.

Ich habe Kreisky einmal den "Weltmeister im Hochsprung über den eigenen Schatten" genannt.

Hans Weigel
Wien 1983
Foto: Archiv

Gerhard Bronner/
Hans Weigel
"Gerhard und Hans erfinden eine Nummer"
(Text Seite 161) 1974
Foto: Friedrich

Peter Wehle/
Gerhard Bronner
"Zeitventil" 1967
Foto: Privat

Ernst Waldbrunn
"Mechthilde bist Du's ?"
(Telefonsketch) 1955
Foto: M. Tenbuß, München

Elfriede Ott/Hans Weigel
"Der anmutsvolle
Prater" 1964
Foto: Privat

Peter Wehle/
Gerhard Bronner
Marietta Bar, Wien 1956
Foto: Privat

Peter Wehle/
Gerhard Bronner
"Die unruhige Kugel" 1962
Foto: Privat

Gerhard Bronner/
Peter Orthofer/Peter Wehle
"Zeitventil" 1966
Foto: Privat

Hans Weigel versuchte nun, Kreiskys Meisterschaft in Frage zu stellen.

Irgendwer hat einmal gesagt: "Der Antisemitismus wird erst dann eine Zukunft haben, wenn sich ein paar kluge Juden seiner annehmen."

Zwei haben sich bereits gefunden.

*

Vor Jahren wohnte ich einem Gespräch zwischen Friedrich Torberg und Ernst Häussermann bei. Weigel hatte wieder einmal in irgendeiner treudeutschen Zeitschrift einen Artikel veröffentlicht, in dem er nachzuweisen versuchte, wie wichtig es doch wäre, daß auch Antisemiten ihre Ansichten in aller Ruhe zum Ausdruck bringen dürften.

Torberg schäumte: "Ich versteh' diesen Weigel nicht. Wo immer er einen arischen Arsch sieht, ist es ihm sofort ein Bedürfnis, möglichst tief hineinzuschlüpfen!"

Darauf lächelte Häussermann, der Halbjude war: "Bei mir ist er auf halbem Weg stecken geblieben."

Ich bin seit vielen Jahren mit Hans Weigel befreundet. Ich habe oft und gerne mit ihm zusammengearbeitet und habe viel von ihm gelernt. Ich mag ihn und habe nie einen Hehl daraus gemacht. Als er einmal von einem bekannten Wiener Filmemacher in aller Öffentlichkeit als "Saujude" bezeichnet wurde, bin ich für Weigel auf die Barrikaden gestiegen.

Ich bin ebenso wie er dafür, daß jedermann frei seine Meinung äußern darf. Ebenso bin ich dafür, daß jeder, der die Lust dazu verspürt, sich eine Zigarette anzünden kann. Aber bitte nicht in einem Haus mit undichten Gasleitungen.

Diese Polemik erschien wenige Tage nach Veröffentlichung des Buches in einem Wiener Nachrichtenmagazin.

Wenige Wochen danach starb Helmut Qualtinger und ich traf mit Hans Weigel beim Begräbnis zusammen. Natürlich erwartete ich, daß er mich nicht grüßen würde. Doch ich sollte mich irren:

Er kam auf mich zu, reichte mir die Hand und sagte:

"Ich gratulier' Dir zu Deinem Artikel - ich fand ihn großartig."

Er hat es einem sehr schwer gemacht, nicht sein Freund zu sein, der Hans Weigel...

Peter Wehle

Kurz vorweggenommen: wenn ich ihn nicht so gemocht und sein Können respektiert hätte, wäre ich sicherlich nicht imstande gewesen, 38 Jahre lang mit ihm zusammenzuarbeiten. Das muß gleich zu Anfang ausdrücklich festgehalten werden, da sonst die folgenden Passagen - die nicht immer kritiklos ausgefallen sind - entsetzlich mißverstanden werden könnten.

Peter Wehle hatte ein unwahrscheinliches Talent, neben den Dingen zu leben. Oder wie ich das einmal formuliert hatte: "Du hast einen Adlerblick für das Unwesentliche."

Seine Reaktion? Er dachte einen Moment nach, dann sagte er:

"Und was ist schlecht an einem Adlerblick?"

Er war in der Lage, nur das zur Kenntnis zu nehmen, was ihm in den Kram paßte. Den Rest ließ er links liegen - oder er überließ ihn mir zur Bearbeitung.

Wann immer ihm irgend etwas mühsam, umständlich, kompliziert oder unangenehm war, pflegte er zu sagen: "Für solche Sachen halte ich mir einen Bronner."

Eine Illustration gefällig? Bitte sehr!

Einer unserer ständigen Co-Autoren bei der satirischen Rundfunksendung "Guglhupf" - wir wollen ihn Schestak nennen - pflegte zu den wöchentlichen Story-Konferenzen immer ein weibliches Wesen mitzubringen. Und zwar abwechselnd seine Frau, oder seine Freundin. Sogar mit einigem zeitlichen Abstand ist schwer festzustellen, welche der beiden Damen uns mehr auf die Nerven ging. Aber keiner regte sich sonderlich darüber auf, denn wir kamen ja nicht zusammen, um die Moral der österreichischen Ehen zu bewahren, sondern um Satire zu schreiben.

Pardon, einer regte sich doch darüber auf. Und zwar mein Wehle.

"Warum kann der Mensch nicht ohne seine Weiber daherkommen?"

"Ich weiß nicht", dachte ich laut, "vielleicht will er ihnen imponieren..."

"Dazu sind Betten erfunden worden, und nicht Story-Konferenzen!"

"Ein gutes Argument", räumte ich ein. "Sag ihm das."

"Warum ich? Du bist der Chef im 'Guglhupf'. Sag ihm endlich, er soll seine Weiber daheim lassen."

"Ich denk' nicht dran. Wahrscheinlich braucht er das, also soll er's haben."

"Also gut, dann werde ich's ihm eben sagen!"

"Von mir aus", resignierte ich, " wenn es Dir wirklich ein Herzensbedürfnis ist, den Menschen sinnlos zu frustrieren, dann sag's ihm eben. Aber wenn's geht, durch die Blume."

Damit glaubte ich, die Sache aus dem Kopf zu haben. Doch nein, Wehle brütete eine Weile vor sich hin, dann hatte er die Lösung:

"Ich weiß, wie ich ihm das schonend beibringen kann. Ganz einfach! Ich werde ihm sagen, daß er seine Weiber nicht mehr zu den Story-Konferenzen mitbringen darf, weil der Bronner erlaubt es nicht."

*

Geschichten dieser Art könnte ich über meinen Wehle seitenlang berichten, aber mir geht es hier weniger um's Geschichtenerzählen, als um die anekdotische Beschreibung meiner Freunde. Nachdem ich also diese Seite meines Wehle dargestellt habe, möchte ich ihn noch von einer anderen Perspektive aus charakterisieren.

Eines Tages erzählte er mir, daß er eben aus München zurückgekommen sei und im Flugzeug zufällig neben dem Attila Hörbiger zu sitzen kam.

"Ja? Wie geht's ihm?"

"Ich weiß nicht...", er zögerte eine Weile, dann fügte er hinzu: " Du weißt doch, wie ich diesen Mann verehre - aber ich hab das Gefühl, daß er langsam senil wird."

"Der Attila Hörbiger senil?" Ich war entsetzt. "Das kann ich mir überhaupt nicht vorstellen."

"Es tut mir selber weh, so etwas auch nur zu denken, geschweige denn zu sagen, aber ich hab' ihn jetzt längere Zeit nicht gesehen und diese Veränderung ist unfaßbar..."

Ich nahm das also zur Kenntnis und wechselte das Thema.

Einige Abende später tauchte bei mir in der Bar Gustav Knuth auf.

"Ich muß Dir was Lustiges erzählen", begann er. "Da neulich flog ich von München nach Wien und im Flugzeug saß ich zufällig neben dem Peter Wehle."

Noch schwante mir nichts Außergewöhnliches. "Und?"

"Wir kommen ins Gespräch, reden über dies und jenes - plötzlich fällt mir auf, daß er mich mit dem Attila Hörbiger verwechselt."

"Wie kann man *Dich* mit dem Attila verwechseln?"

"Das mußt Du ihn schon selber fragen. Jedenfalls habe ich brav mitgespielt. Als er mich gefragt hat, wie es der Paula geht, hab ich ihm artig erzählt, daß es ihr gut geht, und daß wir demnächst in der Münchener "Kleinen Komödie" eine Fortsetzung vom “Besuch der alten Dame” spielen werden, die der Dürrenmatt eigens für uns schreibt. Dann hat er mich gefragt, was meine Töchter machen, und ich habe ihm erzählt, daß sie mit dem “Dreimäderlhaus” auf große Tournee nach Amerika gehen werden, und daß man mir in dem Stück den alten Schöll angeboten hat, aber ich habe abgelehnt, weil mir die Rolle zu alt ist, und so weiter, und so fort...”

“Und der Wehle hat das alles gefressen?”

“Jedes Wort. Nur als wir uns dann nach der Ankunft in Wien voneinander verabschiedet haben, hat er mich etwas befremdet angesehen.”

“Warum, was hast Du ihm gesagt?”

“Ich habe gesagt: ‘Auf Wiedersehen - und wenn Sie irgendwann den Peter Wehle sehen, dann grüßen Sie ihn schön von mir, lieber Herr Bronner’ ”.

So war das also wirklich.

Und welchen Schluß zog mein Wehle aus dieser Begebenheit?

“Der Attila Hörbiger ist senil...”

Er lebte, wie gesagt, manchmal neben den Dingen. Die Dinge hat es nicht weiter gestört, und er hat es nicht bemerkt.

Er selbst nannte sich einmal “Der lachende Zweite”.

Seinem “Ersten” (in alphabetischer Reihenfolge) hat er auch oft Anlaß zum Lachen gegeben.

Allerdings nicht immer freiwillig...

Ralph Benatzky

Als ich ihn kennenlernte, war er leider nur mehr ein Schatten seiner selbst. In den frühen Fünfzigerjahren gastierte ich in Zürich und sang allabendlich seltsame Lieder, mit denen das Gros des Schweizer Publikums nur wenig anzufangen wußte. Aber irgendwie erfuhr Benatzky, der sich in Zürich zur Ruhe gesetzt hatte, daß es da einen seltsamen Chansonier gäbe, den er sich anhören sollte, weil einige seiner Lieder so klingen, als ob er bei Benatzky in die Schule gegangen wäre.

Ralph Benatzky, Komponist unzähliger Operetten und Singspiele, vor allem aber auch etlicher Wiener Volkslieder (z.B. “Ich muß wieder einmal in

Grinzing sein"), ging kurz vor Kriegsbeginn in die USA - nicht, weil er mußte, sondern weil er wollte. Er konnte dort fürstlich von seinen internationalen Tantiemen leben und kam nach Ende des Krieges zurück. Allerdings nicht nach Wien, wo er den größten Teil seines Lebens verbrachte hatte, sondern nach Zürich.

Dort schrieb und produzierte er ein Musical basierend auf Gogols Satire "Die toten Seelen", das sich als kostspieliger Flop erwies, worauf er das Handtuch warf und beschloß, sein "Ausgedinge" zu genießen, so gut es ging.

Es ging nicht gut. Die geistige Inaktivität bekam ihm nicht, er wurde sonderlich, überempfindlich und geistesabwesend. Trotzdem: als er von mir hörte, wollte er meine Vorstellung besuchen. Anschließend lud er mich in seine feudale Wohnung im Zürcher Patrizierviertel ein.

Der Abend ist mir unvergeßlich. Irgendwie war er durch meine Darbietungen so aufgekratzt, daß er sich ans Klavier setzte, um mir etliche seiner unbekannten Chansons vorzusingen. Was da alles aus dem alten Mann herausquoll, war unglaublich. Grandiose Chansons und Couplets von deren Existenz ich keine Ahnung hatte, die zum größten Teil nicht einmal veröffentlicht waren, kramte er reihenweise aus seinem überstrapazierten Gedächtnis hervor. Dann, nach einer guten Stunde, überließ er mir den Platz am Klavier und forderte mich auf, ihm einige meiner Lieder vorzutragen, eine Aufforderung, der ich nur zögernd nachkam.

Doch als ich seine enthusiastische Reaktion sah, wurde ich verwegener und tat so, als ob es die selbstverständlichste Sache der Welt wäre, einen Klassiker der Unterhaltungsmusik zu unterhalten.

Seine Gattin "Kirschi" blickte gegen Mitternacht besorgt auf die Uhr.

"Ralphi, glaubst Du nicht, daß wir langsam Schluß machen sollten?"

"Aber laß mich doch in Ruh'!", erwiderte der Meister ziemlich barsch, "Zum ersten Mal seit Jahren fühl' ich mich heut' wie ein junger Mensch. Geschlafen hab ich lang genug..."

Dann wandte er sich an mich:

"Weißt Du Bronner - Du hast doch nichts dagegen, wenn ich Dich duze - wir sollten uns zusammentun. Irgendwas Größeres miteinander schreiben. Ich bin sicher, daß wir berühmt werden könnten!"

Hier stutzte ich zum ersten Mal. "Berühmt werden"? Hat denn der Komponist des "Weißen Rössls" vergessen, daß er schon längst berühmt war? Daß er bereits "Evergreens" geschrieben hatte, ehe ich auf die Welt kam?

Doch der Meister fuhr unbeirrt fort:

“Ich hab’ da eine köstliche Idee in den Eingeweiden. Wir könnten miteinander eine Fortsetzung zum “Weißen Rössl” schreiben. Die Geschichte, die ich mir vorstelle, spielt in den letzten Kriegstagen, Hitler ist ins Salzkammergut geflüchtet und versteckt sich bei der Rösslwirtin. Kurz danach wird das Hotel von den Amerikanern besetzt...”

“Und dann?” fragte ich.

“Das weiß ich nicht. Wenn ich das allein schreiben könnte, hätte ich’s schon längst geschrieben. Aber das ist doch eine großartige Ausgangssituation - oder?”

Ich blickte hilflos zu seiner Gattin. Sie verdrehte die Augen himmelwärts und deutete mir, irgendwie mitzuspielen.

Also versuchte ich es, so gut es ging. Wir entwarfen ein Auftrittslied für Hitler (“Ich habe nur das Beste gewollt”) und eines für den amerikanischen GI, der am Ende des Stückes die Tochter der Rösslwirtin heiraten sollte (“Europa ist zu alt für mich”) und dann war es sogar für mich zu spät.

Benatzky bestand darauf, daß ich am nächsten Tag wiederkommen müßte, um an dem “Projekt” weiterzuarbeiten. Als ich zur vereinbarten Zeit erschien, empfing mich “Kirschi” und teilte mir mit, daß der Meister in schlechter Verfassung wäre, der letzte Abend habe ihn übermäßig beansprucht und ich solle doch nicht bös’ sein, er werde sich bald bei mir melden.

Wir trafen uns tatsächlich noch einige Male, plauderten über dies und jenes, doch von einer gemeinsamen Arbeit war nie wieder die Rede. Benatzky wurde spätestens nach einer Stunde so müde und mieselsüchtig, daß ich jedesmal froh war, bald wieder gehen zu können.

*

Im Jahr danach übersiedelte ich nach Hamburg und begann dort für das Deutsche Fernsehen zu arbeiten. Mein Spezialgebiet war die musikalische Unterhaltung und so dauerte es nicht lange, bis ich beauftragt wurde, “Der König mit dem Regenschirm”, ein Singspiel von Ralph Benatzky, für das Fernsehen zu bearbeiten.

Der Regisseur kam aus Amerika und hatte keine Ahnung, wer oder was Benatzky war. Ihm war das Stück, vor allem aber die Musik, viel zu unmodern und er trug mir auf, so viel wie möglich zu ändern, um das Endprodukt für zeitgenössische Ohren schmackhaft zu machen.

Also setzte ich mich hin und begann zu ändern. Da ließ ich eine Strophe weg, dort erfand ich neue Harmonien, die Orchestration erschien dem Regisseur vorsintflutlich, also mußte sie völlig erneuert werden - doch dann plötzlich erhielt ich den Auftrag, für eine der Nebenfiguren ein neues Lied einzufügen, um eine langweilige Prosastelle zu ersetzen.

"Wo nehm' ich ein neues Lied her?", wollte ich wissen.

"Das ist nicht wichtig", sagte der Regisseur, "erfind' irgendwas."

Also erfand ich irgendwas. Wenn ich mich recht erinnere, war es sogar ein recht hübsches Chanson, das sich in den Rest der Musik fast nahtlos einfügte.

Nach einigen Wochen intensiver Proben waren vom ursprünglichen Stück eigentlich nur noch Rudimente erhalten - und natürlich der Titel, sowie der Name des Autors und Komponisten Ralph Benatzky.

Damals, in den Uranfängen des Deutschen Fernsehens, war die Aufführung eines abendfüllenden Singspiels keine alltägliche Sache. Zwar besaß zu diesem Zeitpunkt kaum jemand einen eigenen Fernsehapparat, aber die Publicity, die ein solches "Fernsehereignis" erhielt, war ungeheuer. Als zusätzliche "Sensation" beschloß der Fernsehintendant, den Komponisten nach Hamburg einzuladen, damit er der Live-Aufführung persönlich beiwohnen konnte.

Benatzky begrüßte mich überschwenglich, umarmte mich und bedankte sich im voraus für meine Arbeit, über die er soviel Gutes gehört hatte.

"Hab ich Dir nicht prophezeit, daß wir beide noch berühmt werden?" rief er triumphierend aus.

Der danebenstehende Intendant lächelte wohlwollend. Offensichtlich stieg ich in seiner Achtung um ein Erkleckliches.

Nachdem die anwesenden Journalisten abgefüttert und getränkt waren, wurde der Raum verdunkelt und das "Ereignis" begann. Benatzky bestand darauf, daß ich neben ihm zu sitzen habe, damit er mir seine Eindrücke gleich mitteilen könnte, ehe er sie vergaß.

Während der letzten Sekunden vor Spielbeginn kam mir plötzlich zu Bewußtsein, daß ich eigentlich mit dem geistigen Eigentum eines anderen "Schlitten gefahren" bin und "Schindluder getrieben" habe.

Wie, um Gotteswillen, wird er darauf reagieren?

Das Spiel begann. Die Ouverture war zwar kürzer als im Original, sie war auch ganz anders instrumentiert, aber sie war immer noch von Benatzky. Dann kam das Auftrittslied des Königs, dessen Text nach einigen Zeilen ganz anders weiterging, als vom Autor geplant. Kurz danach kam ein Terzett, das ursprünglich ein Solo gewesen war. Dann kam ein Duett, das eigentlich im dritten Akt sein sollte, dafür aber mit neuem Text.

Ich sah im Halbdunkel, wie der Meister interessiert zusah und keine Miene verzog.

Dann aber kam jenes Lied, das ich auf Wunsch des Regisseurs neu schreiben mußte, wo von Benatzky nicht ein Wort und nicht ein Ton enthalten waren.

Ich war auf alles gefaßt. Ich stellte mir vor, daß er die Aufführung unterbrechen würde, sich vor laufender Kamera von dieser Entstellung seines Werkes distanzieren würde, daß er mich öffentlich vor den versammelten Journalisten ohrfeigen würde - doch nichts dergleichen geschah.

Ralph Benatzky hörte sich mein Lied bis zu Ende an, dann neigte er sich im Halbdunkel zu mir und sagte:

"Was sagt Du, Bronner, wie modern ich damals schon war?"

Bis zum heutigen Tag weiß ich nicht, was damals in seinem Hirn vorging. Hat er vergessen, daß er dieses Lied nie geschrieben hatte, oder war es eine elegante Methode, mir ein Kompliment zu machen?

Ich weiß es nicht und ich werde es nie erfahren.

Ich weiß nur, daß mein Leben um einiges ärmer wäre, hätte ich Ralph Benatzky nie kennengelernt.

Fritz Hochwälder

Jahre bevor ich ihn kennenlernte, schrieb ich im Auftrag des Deutschen Fernsehens eine Untermalungsmusik für seinen historischen Reißer "Der öffentliche Ankläger". Wenn man ein Theaterstück musikalisch zu illustrieren hat, lernt man es naturgemäß viel besser kennen, als wenn man es nur als Zuschauer konsumiert. Und so bekam ich einen Heidenrespekt vor Fritz Hochwälder.

Als ich ihn einige Jahre später kennenlernte, war ich zunächst enttäuscht. Ich erwartete mir - ausgehend vom Image seines Schreibens - einen großgewachsenen Muskelprotz. Doch ich erblickte das, was man euphemistisch einen "Sitzriesen" zu nennen pflegt. Negativ betrachtet, könnte man auch "Stehzwerg" sagen, denn er war höchstens eineinhalb Meter groß - und litt natürlich darunter sein Leben lang. Und wenn er gerade nicht litt, dann überkompensierte er, indem er zu laut, zu rechthaberisch und zu aggressiv war.

Elfriede Ott/Hans Weigel/ Viktor Frankl/Fritz Hochwälder/ RobertJungk
Rathaus, Wien 1985 Foto: Privat

Axel von Ambesser
Wien 1984
Foto: Privat

Ralph Benatzky
Wien 1926
Foto: Sammlung Robert Dachs, Wien

Leonard Bernstein
1980
Foto: Archiv

Was nichts an der Tatsache änderte, daß er eine grandiose "Theaterpratzen" hatte, die sogar seinen ärgsten Kritikern - und deren gab es viel mehr, als ihm lieb war - eine durchaus berechtigte Hochachtung abrang.

Eigentlich sollte er Tapezierer werden, so wie sein Vater. Er legte sogar die Gesellenprüfung in diesem Gewerbe ab, doch hinter dem Rücken des Vaters besuchte er die Abendhochschule, und eignete sich eine gewaltige Allgemeinbildung an, die er allerdings in seinem alltäglichen Sprachgebrauch wohl zu verbergen wußte.

Sein privater Wortschatz war der eines Wiener Pülchers. Er konnte ohne sonderliche Provokation so ordinär werden, daß es sogar meinen hartgesottenen Ohren zu viel wurde. Doch wenn man durch seine drastische Diktion durchzuhören verstand, kam so manche Weisheit zutage, die wert war, beherzigt zu werden:

"Waaßt, Dichten am Theater is' Oasch! Für sowas san' d'Leut zu bleed. Sie hör'n net mit'n Hirn zua, sondern mit'n Unterleib!"

"Und was ist mit Goethe, Schiller oder Lessing?" wagte ich zu protestieren.

"Die ham's leicht g'habt, weil damals san nur die Großkopferten und die G'studierten ins Theater 'gangen und net solche schleißige Ruabenzuzler, wie heutzutag."

"Wie erklärst Du mir dann, daß diese Stücke beim heutigen Publikum immer noch ankommen?"

"Weil die Trotteln im Publikum generationenlang Zeit g'habt ham, die Klassinger in der Schul' zu studieren. Wenn ich was schreib', studiert des ka Mensch. Des muaß beim ersten Kennenlernen ankommen, oder es is' für ewige Zeiten im Oasch. Und was die Nachwelt dazua sagt, des is' ma wurscht - auf die wird g'schissen!"

Gottseidank hat er sich nicht immer an diese seltsame Maxime gehalten. Denn obwohl er es gar nicht wollte, hat er doch gedichtet. Zum Beispiel in einem viel zu unbekannt gebliebenen Stück mit dem Titel "Die Herberge". Ich glaube, das ist mir von all seinen Dramen das liebste.

Die Uraufführung fand vor Jahren am Wiener Burgtheater statt; und weil dieses Stück so ganz anders war, als all seine anderen, war er entsetzlich unsicher und nervös.

Friedrich Torberg war zu dieser Zeit der wesentlichste Theaterkritiker in der damals meistgelesenen "Wiener Zeitung", und obwohl Hochwälder mit Torberg seit vielen Jahren befreundet war, zitterte er vor seiner Kritik.

Das Stück basierte nämlich auf einer alten jüdischen Legende (was den Zuschauern des Burgtheaters natürlich verborgen blieb), und Hochwälder wußte, daß Torberg kein Schindluder mit jüdischer Folklore dulden würde. Je näher der Premierentermin kam, desto mehr begann Hochwälder an sich und seiner "Herberge" zu zweifeln.

Zwei Tage vor der Premiere rief er mich an und fragte, ob ich bereit wäre, zur öffentlichen Generalprobe zu kommen, um ihm dann "schonungslos" zu sagen, ob er das Stück zurückziehen solle, oder nicht.

Was ich zu sehen bekam, war ein wunderschönes Theatererlebnis, das - ob es der Autor wollte, oder nicht - stellenweise in Dichtung ausartete. Die alte jüdische Legende spielte irgendwo im nicht näher definierten Osten Europas unter ganz einfachen Bauern und berührte mich tief. Übrigens nicht nur mich.

Nach der Vorstellung fing mich Hochwälder beim Ausgang ab und fragte:

"Na?!"

Statt vieler Worte drückte ich ihm die Hand. Doch er gab sich damit nicht zufrieden. Er wollte Details wissen. Also setzten wir uns in ein Café und sprachen, während er kettenrauchte, über sein Stück.

"Gratuliere", sagte ich. "Du hast die alte jüdische Legende wunderschön dramatisiert. Stellenweise mußte ich direkt an Anski denken."

"Anski?" fragte er zerstreut.

"Der Autor vom Dybbuk", erinnerte ich ihn an den bedeutendsten Klassiker der jiddischen Theaterliteratur.

"Ach so - natürlich", sagte er hastig. Dann fügte er nach kurzem Nachdenken hinzu: "Ist das nicht zu jüdisch fürs Burgtheater?"

"Blödsinn", beruhigte ich ihn, "was die Leute zu sehen bekommen, ist eigentlich ein ins Dichterische überhöhtes Bauerntheater."

"Bauerntheater?!" schrie er entsetzt auf.

"Was regst Du Dich so auf? Der Anzengruber wird ja auch am Burgtheater gespielt, und das mit Recht."

Damit war er wieder beruhigt und zündete mit seinem glimmenden Stummel eine neue Zigarette an.

"Ich habe einen neuen Namen für Dich", sagte ich lächelnd. "Ich werde Dich in Zukunft *Anskigruber* nennen."

Hochwälder lachte laut auf, doch nach wenigen Sekunden verstummte er und wurde todernst:

"Ich bitt' Dich um alles in der Welt, sag das nicht dem Torberg..."

Hier saß also ein ungemein erfolgreicher, vielgespielter Dramatiker, dessen Werke in fast alle Kultursprachen der Welt übersetzt waren und zitterte davor, daß ihn ein Kritiker mit einem Wortspiel lächerlich machen könnte.

In diesem Moment hab ich ihn sehr gern gehabt, den kleinen, großen Fritz. Er tat mir sehr leid.

Gleichzeitig beneidete ich ihn...

Axel von Ambesser

Er war der ausgeprägteste Legastheniker, den ich je kennengelernt hatte. Ein Brief, den er selbst auf der Schreibmaschine tippte, war fast nicht zu entziffern.

"Wie hast Du jemals Deine Stücke geschrieben?" fragte ich ihn einmal.

"Nicht mit der Schreibmaschine, sondern mit der Hand."

"Ach so."

"Sag nicht 'ach so', das war noch viel ärger. Weil da kommt zu meinen idiotischen Schreibfehlern noch meine völlig unleserliche Handschrift dazu."

Vermutlich muß man Legastheniker sein, um so zu denken, wie er gedacht hat. Er dachte nicht nur unkonventionell, nein - er dachte gegen den Strom. Wenn er Herzmanovsky-Orlando inszenierte, war er in seinem Element. Je versponnener ein Autor schrieb - und Herzmanovsky war sicherlich ein Großmeister unter den Spinnern - desto mehr liebte er es, sich in ihn hineinzudenken.

Seine Nestroy-Inszenierungen sind legendär geworden, und das, obwohl er gebürtiger Hamburger war.

Bei Nestroy lernten wir einander übrigens kennen, und zwar in Hamburg. Eines Tages erhielt ich den Auftrag, Ambessers Burgtheater-Inszenierung von "Der Färber und sein Zwillingsbruder" für das Fernsehen einzurichten. Darin spielte der einmalige Josef Meinrad eine Doppelrolle - wie schon der Titel sagt, den hilflosen Färber, sowie seinen Zwillingsbruder, einen forschen Soldaten - und obwohl meine Aufgabe hauptsächlich darin bestand, das Stück zu kürzen und zu straffen, hatte ich plötzlich die verwegene Idee, mit Hilfe der Fernsehtechnik eine Szene zu erfinden, in der die beiden Zwillingsbrüder miteinander einen Dialog zu führen hatten.

Ich fragte Ambesser, ob er etwas dagegen hätte. Er sagte:

"Ich würde das nicht zu schreiben wagen, aber wenn's gelingt, kann es ein hübscher Effekt werden."

Also setzte ich mich hin und erfand einen Dialog ganz im Stil Nestroys, in dem Meinrad dank einer Trickaufnahme gleich zweifach brillieren konnte.

Nach der Aufnahme kam Ambesser zu mir und fragte mich nach meinem Namen. Nachdem er ihn zur Kenntnis genommen hatte, sagt er:

"Wenn es Ihnen recht ist, werden wir unsere künftigen Verhandlungen in der Du-Form abwickeln."

Unsere künftigen Verhandlungen sahen so aus, daß er mich immer kommen ließ, wenn etwas zu schreiben oder zu bearbeiten war, das ihm zu schwer oder zu mühsam erschien.

Als ich ihn einmal fragte, warum er das nicht selber schreiben wolle, sagte er:

"Da muß man logisch denken, das ist nichts für einen Legastheniker."

So erhielt er eines Tages das Angebot, aus Offenbachs "Die schöne Helena" einen Fernsehfilm zu gestalten. Natürlich nahm er begeistert an, er war in seiner Jugend schließlich auch Krausianer gewesen und liebte daher Offenbach - dann aber las er zum ersten Mal das Libretto und war verzweifelt.

"Wie konnte dem Mann zu so einem blöden Libretto so eine herrliche Musik einfallen?", fragte er mich. "Hast Du irgendeine Idee, was man mit dem Buch machen könnte?"

"Ja", sagte ich. "Wegwerfen und ein neues schreiben."

Inzwischen engagierte die Produktion einen Star nach dem andern. Die damals noch ungemein knusprige Anna Moffo sollte die Titelrolle spielen, René Kollo den Paris, Josef Meinrad den Menelaos, und ich schlug noch für die drastische Komikerpartie des Kalchas Ivan Rebroff vor.

"Du, ich will Dich nur beiläufig warnen", sagte er mir eines Tages, "wenn Dein Buch nicht gut wird, können wir beide auswandern."

Das Buch wurde schließlich fertig und hatte mit dem Original überhaupt nichts mehr zu tun. Es war mir zu meinem eigenen Erstaunen tatsächlich gelungen, zur grandiosen Musik Offenbachs eine neue Handlung zu erfinden, die Hand und Fuß hatte. Ambessers Kommentar?

"Genau so hätte ich es auch geschrieben, wenn ich nicht zufällig Legastheniker wäre."

Er änderte nicht eine Zeile an meinem Buch, was bei ihm absolut keine Selbstverständlichkeit war. Er verfilmte es so, als ob es die Bibel wäre.

Bis auf zwei Kleinigkeiten, die nicht ihm, sondern den Darstellern einfielen: Ivan Rebroff als Kalchas wird mit einer völlig unerwarteten Situation konfrontiert und sagt erstaunt:

"Oh, Du dickes Ei!"

Und Josef Meinrad, der als Menelaos ständig von Orakeln belästigt wird, erkundigt sich beim Überbringer einer schlechten Nachricht:

"Was rakelt denn das O?"

Beides wurde aus der guten Laune heraus extemporiert, und niemand dachte sich etwas Böses dabei.

Als ich den Film zum ersten Mal im Rohschnitt zu sehen bekam, zuckte ich an beiden Stellen zusammen, aber ich wußte natürlich, daß es zu spät war, etwas dagegen zu unternehmen, also nahm ich es in Kauf, umsomehr, als der Rest des Films wirklich besonders gut gelungen war.

Nach der Erstausstrahlung waren die Kritiken in Deutschland himmelhoch jauchzend, in Österreich hingegen gab es etliche Einschränkungen. So schrieb etwa der Fernsehkritiker irgendeiner Provinzzeitung:

"...typisch für die Fernsehbearbeitung Bronners waren Dialogzeilen wie 'Oh, Du dickes Ei!' und 'Was rakelt denn das O'. Daraus bestand seine 'Verbesserung' des großartigen Librettos von Meilhac und Halevy ".

Ich schnitt die Kritik fein säuberlich aus und schickte sie kommentarlos an Axel. Er schrieb mir postwendend einen seiner berühmten Legasthenikerbriefe, der die bemerkenswerte Zeile enthielt:

"Ich hofef dasss Du nihct so tief segunken bits, Kritikker ernest zu nemenh..."

Wann immer wir uns danach trafen, begrüßte ich ihn mit den Worten: "Oh, Du dickes Ei!"

Und er antwortete stets mit der Frage. "Was rakelt denn das O?"

Dann aber sollte meine Revanche folgen.

Die Wiener Volksoper setzte "Das weiße Rössl" auf den Spielplan und Ambesser bestand darauf, daß ich eine Wiener Operette aus dem Berliner Singspiel machen sollte, was keine leichte Aufgabe war.

In der Pause der Generalprobe ging ich in die Garderobe Heinz Reinckes, der den Giesecke outrierte und sagte ihm, daß er an einer gewissen Stelle, als Ausdruck des Erstaunens, eine kleine Dialogzeile einfügen könnte.

Reincke, der bekanntlich keiner Outrage freiwillig aus dem Wege ging, besonders dann, wenn es sich um Operette handelte, brüllte wunschgemäß:

"Oh, Du dickes Ei!"

An dieser Stelle bekam Axel von Ambesser einen Lachkrampf und fiel zum größten Erstaunen aller Umsitzenden aus dem Regiestuhl.

Kein Mensch wußte, was an dieser Zeile so komisch war. Auch Heinz Reincke wußte es nicht, es ging ihn eigentlich auch gar nichts an...

Es sollte ein Geheimnis bleiben, das ich mit keinem anderen zu teilen bereit war, als mit meinem Freund Axel.

Einige Zeit danach wurde uns gemeinsam der Nestroy-Ring der Stadt verliehen. Als er die edle Schatulle mit dem häßlichen Ring öffnete, blickte er lange Zeit zutiefst ergriffen ins Leere. Dann wandte er sich zu mir und sagte mit verträumten Blick:

"Oh, Du dickes Ei!"

Elfriede Ott

Sollte ich jemals gezwungen sein, Pferde stehlen zu müssen, dann gibt es vermutlich nur eine einzige Person, die ich bedenkenlos mitnehmen würde: die Elfriede Ott, von ihren Freunden "Evi" genannt. Ich weiß nicht, in wievielen Vorstellungen im In- und Ausland wir gemeinsam auf Bühnen, Pawlatschen oder Nudelbrettern aufgetreten sind, es müssen hunderte gewesen sein. Und keine einzige glich der anderen, es war jedesmal ein Abenteuer.

Irgendwann wurde ich vom Fernsehen zum Thema "Frauen am Cabaret" interviewt. Die Gestalterin der Sendung hatte vor, dem Publikum nachzuweisen, daß Frauen am Cabaret nur ein Schattendasein führen würden, daß sie bestenfalls attraktive Reifenhalter ihrer männlichen Kollegen zu sein hatten und sonst nichts.

Ich sagte der Interviewerin sinngemäß: "Wer so einen Unsinn behauptet, der ist nie mit der Ott auf einer Bühne gestanden. Wenn jemand versuchen wollte, die Ott als "attraktive Reifenhalterin" zu benutzen, der würde ein sehr schweres Leben haben."

Natürlich wurde diese Passage aus dem Interview herausgeschnitten, weil sie das ganze Kartenhaus der Sendung "Frauen am Cabaret" zum Einsturz gebracht hätte.

Die Evi kann auf einem Publikum Geige spielen - oder mit ihm "anmäuerln", ganz nach Belieben, und wenn ihr mitten in einem Satz eine extemporierte Pointe einfällt, würde sie sich eher die Zunge abbeißen, als diese Pointe unter den Tisch fallen zu lassen. Und sie fühlt dabei instinktiv, wie weit sie gehen kann, ohne den Sinn des jeweiligen Chansons, Monologs oder Dialogs zu entstellen. Man benötigte eine ungeheure Geistesgegenwart, um mit ihren Eskapaden auf der Bühne auch nur einigermaßen Schritt zu halten.

Zum Beispiel gab es in einem unserer Programme eine wohleinstudierte Stelle, wo ich zu sagen hatte:

"Sing doch ein Wienerlied!"

Worauf Evi normalerweise brav ein Wienerlied zu singen begann.

Eines Abends aber beschloß sie, aus der faden Routine herauszufallen; also sagte sie zu meinem größten Erstaunen:

"Ich denk' nicht daran."

"Warum?", fragte ich eher überrascht.

"Ich singe prinzipiell keine Wienerlieder."

"Ha!" rief ich höhnisch, "Du singst keine Wienerlieder?!"

"Natürlich nicht", extemporierte Evi treuherzig. Dann fügte sie hinzu: "Ich hab' in meinem ganzen Leben noch kein Wienerlied gesungen."

Ein kurzer Blick ins Publikum überzeugte mich davon, daß nun irgendeine Pointe zu kommen hätte, wenn wir nicht im Leerlauf versanden wollten. Also gab ich mir einen Ruck und fragte - die Pointe vorbereitend:

"Du hast im Leben noch kein Wienerlied gesungen?"

"Natürlich nicht."

"So eine Frechheit", simulierte ich einen Wutausbruch, "als ich sooo ein kleines Buberl war" - meine Hand bewegte sich in der Höhe von knapp einem Meter - "da hast Du schon Wienerlieder gesungen!"

Während das Publikum lachend applaudierte, drehte sich Evi zu mir um und sagte leise:

"Das ist guuut, das machen wir morgen wieder."

Nachdem der Applaus verebbt war, schaute sie böse ins Publikum und sagte: "Das kriegt er alles zurück, ich schenk ihm nix...!"

Es dauerte lange, aber ich "kriegte es zurück" - und zwar so, daß ich zum ersten Mal in meinem Leben auf der Bühne absolut "schmähstad" war, und das kam so:

Wir hatten eine Paradenummer namens "Odyssee in Rot-Weiß-Rot", die ich gemeinsam mit Hans Weigel schrieb und die fast 40 Minuten lang dauerte.

Es war eine gesungene Liebeserklärung an Österreich, in der jedes der neun Bundesländer satirisch durch den Kakao gezogen wurde, ehe ein versöhnlicher Ausklang stattfand.

Obwohl die Interpretation dieser "Odyssee" eine ungeheure Konzentration erforderte, liebten wir sie heiß und innig, und ich glaube sagen zu dürfen, daß das Publikum unsere Liebe durchaus teilte.

Evi konnte natürlich nur dann mit mir gemeinsam auftreten, wenn sie gerade an ihrem Theater nichts zu spielen hatte, und so begab es sich, daß wir die Odyssee eine ganze Saison lang nicht vortragen konnten.

Dann kam der Sommer und wir wurden engagiert, um in Salzburg bei der feierlichen Eröffnung des Fests in Hellbrunn einem illustren Publikum die "Odyssee" vorzutragen. Natürlich waren wir beide beruflich verhindert, uns zu einer ausführlichen Probe zusammenzusetzen, also beschlossen wir, die Nummer einige Male während der langen Autofahrt nach Salzburg durchzugehen. Eine etwas schlampige Art des Probens - zugegeben - aber besser, als gar keine Probe. Nach zweimaligen Durchsingen der Nummer stellten wir fest, daß wir schon irgendwie über die Runden kommen würden und wandten uns anderen Dingen zu.

Der elegante Abend im Schloß Hellbrunn begann. Etliche Honoratioren hielten Festreden, ein Streichquartett spielte einen feierlichen Mozart, und dann kam als heiterer Ausklang der Festivität die "Odyssee in Rot-Weiß-Rot".

Sie begann tadellos, ohne irgendwelche Pannen. Die ersten Lacher kamen an den richtigen Stellen, der erwartete Zwischenapplaus kam dort, wo er immer zu kommen hatte.

Dann aber, an einer ziemlich komplizierten Stelle, vergaß Evi ihren Text.

Eine Schrecksekunde lang sah sie verstört in die Ferne, so wie man eben dreinschaut, wenn man die gefürchtete Mattscheibe vor sich hat.

Ich sprang sofort ein und sang einige Zeilen ihres Textes weiter, in der Hoffnung, daß sie sich wieder erinnern würde, um zu übernehmen.

Doch nein, sie drehte sich nach mir um und hörte mir aufmerksam zu. Nach einer Weile stockte ich, weil ich ihren Text natürlich nie gelernt hatte. In der so entstandenen Pause wandte sie sich seelenruhig dem Publikum zu und seufzte:

"Mit dem Gerhard kann man nicht mehr auftreten, er wird langsam senil und merkt sich keinen Text mehr."

Dann lächelte sie mir freundlich zu und sang ihren Text weiter, so als wollte sie mir aushelfen.

Das war der Moment, da ich absolut "schmähstad" war. Ich glaube, daß ich jeder anderen Partnerin auf offener Bühne den Kragen umgedreht hätte. Bei der Evi nahm ich das hin, als ob es die selbstverständlichste Sache der Welt wäre, denn sie konnte sich alles erlauben.

Mit ihr auf der Bühne zu stehen, war für mich immer ein Abenteuer, dessen Ausgang unvorhersehbar war.

In meiner Erinnerung möchte ich kein einziges dieser Abenteuer missen.

Sie hat schließlich auch niemals von sich behauptet, meine "attraktive Reifenhalterin" zu sein. Sie ist "Die Ott". Und ich habe ihr dafür zu danken.

Was ich hiermit getan haben will.

Helmut Qualtinger

Er hat nie in seinem Leben gelogen. Denn was immer er auch sagte - und er sagte zuweilen Haarsträubendes - war für ihn im Moment, da er es sagte, die absolute Wahrheit. Dazu kam, daß er "seine" Wahrheit mit seiner überwältigenden Persönlichkeit zu unterfüttern wußte. So sehr, daß Widerspruch - egal wie fundiert - erst gar nicht versucht wurde.

Als ich mich einmal mit einem befreundeten Psychoanalytiker über dieses Phänomen unterhielt, versicherte mir dieser, daß dies nichts Außergewöhnliches sei. Ein Mensch, der seine Lügen für Wahrheit hält, lebt in einer eigenen Sphäre, deren Perspektive zwar in sich völlig stimmt, die aber aus der, von seiner Mitwelt allgemein anerkannten, Perspektive gerückt wäre. Also "verrückt", oder wie der griechische Fachausdruck dafür lautet, paranoid.

Nun gibt es, wie wir wissen, graduelle Unterschiede des Ver-rückten. Das beginnt beim harmlosen, manchmal sogar liebenswerten Spinner und endet beim gemeingefährlichen klinischen Fall. Helmut Qualtinger war kein harmloser Spinner. Er war auch kein klinischer Fall. Er hielt sich nicht für Napoleon oder Alexander den Großen.

Nein, er hielt sich für den Qualtinger.

Allerdings nicht für jenen Qualtinger, der er wirklich war, sondern für jenen Qualtinger, den einige dümmliche Schreiberlinge viel zu früh zu einer

Legende machten, und die - wie alle Legenden - mit der Wirklichkeit nur rudimentär oder gar nichts zu tun hatte.

Ich könnte über Qualtinger viele Geschichten erzählen. Er wird in diesem Buch auch etliche Male erwähnt werden, nicht weil er Legende wurde, sondern weil ich mit ihm vieles erlebt habe, das mir berichtenswert erscheint.

Doch wenn mich jemand irgendwann einmal fragen sollte: "Wie war der Qualtinger wirklich?" - dann werde ich ihm folgende Geschichte erzählen.

Beginnend von unserem allerersten Cabaret-Programm "Brettl vor'm Kopf" hat es sich in unserem Team zur Tradition entwickelt, daß ich immer das "große" musikalische Solo für den Quasi zu schreiben hatte. Das begann mit dem "G'schupften Ferdl", ging weiter mit dem "Wilden mit seiner Maschin", mit "Weil mir so fad ist", sowie "Der Papa wird's schon richten".

Als wir das Programm "Dachl über'm Kopf" in Arbeit hatten, beschloß ich, daß ich genug "Halbstarken-Nummern" geschrieben hatte und daß diesem Thema keine neue Facette mehr abzugewinnen wäre.

Also machte ich mich auf die Suche nach einem neuen Angriffsobjekt - und ich hatte nicht lang zu suchen.

Ernst Häussermann, der nachmalige Direktor des Burgtheaters, war zu diesem Zeitpunkt Produktionschef einer Wiener Filmfirma, für die ich einen Exklusivvertrag als Filmkomponist hatte. Die Filme, die ich zu vertonen hatte, waren durchwegs mindere Produkte, für die ich mich eigentlich zu schämen hätte - und ich würde es auch tun, wenn sie nicht schon längst zu Recht vergessen wären.

Wenn ich mich beklagte, daß ich mit soviel Schund identifiziert würde, wurde ich von Häussermann immer auf den nächsten Film vertröstet, der endlich das langersehnte filmische Kunstwerk werden sollte, welches den Ruf des Österreichischen Films ein für alle Mal rehabilitieren würde.

Dann eines Tages bekam ich das Drehbuch des nächsten Kunstwerkes zu lesen. Der Titel lautete "Das Liebesleben des schönen Franz" und obwohl es nicht leicht war, ein Drehbuch zu finden, das noch schlechter war, als die bisherigen - dieses Buch war von so erlesener Scheußlichkeit, daß die bisherigen im Vergleich dazu fast als cineastische Kunstwerke zu bezeichnen waren.

Nach Lektüre des Drehbuchs ging ich wutschnaubend zu Häussermann, gab es ihm zurück und verkündete, daß ich mich weigerte, mit diesem Film irgend etwas zu tun zu haben; er möge sich doch bitteschön einen anderen Komponisten suchen. Er wiegte bedenklich den Kopf und warnte mich:

Elfriede Ott/Ernst Waldbrunn
Am Kohlmarkt, Wien 1960
Foto: Friedrich

Helmut Qualtinger
"Glasl vor'm Aug" 1957
Foto: Privat

Michael Kehlmann
1980
Foto: Archiv

Gerhard Bronner/Elfriede Ott
"Soloprogramm", Berliner Theater, 1973
Foto: M. Tenbuß, München

“Sie haben einen gültigen Vertrag, lieber Freund. Sie wollen doch nicht vielleicht eine Klage riskieren?”

Ich riskierte nicht und schrieb zähneknirschend die Filmmusik. Die Kritiken waren - wie nicht anders zu erwarten - vernichtend und der Film erwies sich als finanzielles Fiasko.

Dann kam der nächste Film, der auf einem erfolgreichen Theaterstück basierte und ich freute mich schon darauf, endlich an einem guten Film mitarbeiten zu können. Als ich Häussermann ersuchte, mir das Buch zu geben, damit ich mit der Arbeit beginnen könnte, sagte er:

“Wir haben leider Schwierigkeiten mit dem Verleih. Die wollen ganz neue Leute im Produktionsstab haben.”

“Was hat das mit mir zu tun?”, wollte ich wissen.

“Der Verleih besteht darauf, daß niemand, der an unseren letzten Filmen mitgearbeitet hat, bei unserem nächsten Vorhaben beschäftigt wird. Auch nicht der Komponist.”

“Aber ich wollte doch gar nicht beim letzten Film mitmachen, Sie haben mich doch dazu gezwungen!”

“Ja, das ist eben Künstlerpech”, sagte Häussermann freundlich lächelnd. “Ich werde dafür sorgen, daß Sie finanziell wenigstens teilweise entschädigt werden...”

So also sieht Künstlerpech aus. Ich hatte eine Riesenwut im Bauch und all diese Wut entlud sich im neuen musikalischen Solo, das ich für Qualtinger schrieb, mit dem Titel “Der Arrivierziger”.

Ich spielte ihm die Nummer vor und er fand sie einerseits sehr gut, doch andererseits hatte er Bedenken:

“Ich weiß, daß man gegen den Häussermann viel vorbringen kann, aber was Du da geschrieben hast, das grenzt an öffentliche Notschlachtung.”

“Genau das verdient er auch”, erwiderte ich. “Du weißt nicht, was er mir angetan hat...”

Und so erzählte ich ihm ausführlich meine Erfahrungen mit Häussermann, dem Filmproduzenten.

Qualtinger hörte mir aufmerksam zu, dann sagt er:

“Wenn das so ist, dann bring’ ich die Nummer.”

Die Nummer schlug ein und erwies sich als einer der Höhepunkte des Abends. Qualtinger, der dem Häussermann überhaupt nicht ähnlich sah, machte ihn so großartig nach, daß es stellenweise direkt unheimlich war. Etliche Bekannte Häussermanns versuchten erst mich, dann Qualtinger dazu zu bewegen, das Solo abzusetzen, oder wenigstens zu entschärfen - doch wir blieben hart.

Eines Abends kam Ernst Ginsberg, der bedeutende Schauspieler, in unsere Vorstellung und anschließend setzten wir uns zusammen, um Gedanken auszutauschen. Ginsberg erging sich in Superlativen über unser Cabaret, doch dann brachte er eine Einschränkung vor:

"Wissen Sie, Qualtinger, ich bin ja seit langem ein großer Bewunderer von Ihnen und ich ging immer mit Ihren Angriffspunkten konform - nur was Sie da mit dem armen Häussermann gemacht haben...also ich finde, daß das zu weit ging..."

"Das sagen Sie nur, weil Sie ihn nicht gut genug kennen!", rief Qualtinger.

"Ich kenne ihn seit Jahren und..."

"Aber Sie haben offensichtlich mit ihm nie beruflich zu tun gehabt."

"Das nicht, aber..."

"Ich schon", rief Qualtinger im Brustton der Überzeugung. "Lassen Sie sich einmal erzählen, was er mir für eine Schweinerei gemacht hat!"

Und er begann zu erzählen. Genau die gleiche Geschichte, die mir mit Häussermann widerfahren war, hörte ich jetzt als persönlichen Erlebnisbericht Qualtingers. Es stimmte alles, sogar die Titel der Filme, nur handelte es sich in seiner Fassung nicht um Filmmusik, sondern um Drehbuchaufträge.

Ich hörte mit offenem Mund zu und traute meinen Ohren nicht.

Mitten in seiner virtuos vorgetragenen Anklagerede streifte mich sein Blick. Einen Moment lang stockte er. Ich weiß bis zum heutigen Tag nicht, was in diesem Augenblick durch seine Ganglien schoß. Das Ergebnis jedoch war verblüffend. Er zeigte mit dem Finger auf mich und sagte lautstark:

"Bronner, Du warst dabei!"

Wie schon eingangs erwähnt, er hat nie gelogen, der Qualtinger.

Ich war ja wirklich dabei...

Ein Jahr nach seinem viel zu frühen Tod fand in einem Wiener Theater eine Gedenkfeier für ihn statt. Neben vielen anderen Künstlern wurde auch ich von den Veranstaltern gebeten, über Qualtinger zu sprechen. Meine Trauerrede lautete:

Das Denkmal und die Patina.

Da ging einmal - einem uralten jüdischen Witz zufolge - der Blau durch einen Friedhof und entdeckte dortselbst einen Grabstein, auf dem folgendes zu lesen war: "Hier ruht Sigmund Grün, ein ehrbarer Kaufmann und ein guter Familienvater." Angesichts dieser Grabinschrift rief der Blau entsetzt aus: "Armer Sigi! Mit zwei wildfremden Leuten haben sie Dich in ein Grab gelegt!"

An diese Geschichte mußte ich unwillkürlich denken, als ich vor einem Jahr die vielen Nachrufe auf Helmut Qualtinger zu lesen bekam. Nachrufe, die (fast) durchwegs von Schreibern verfaßt waren, die sich nicht am Menschen, sondern an der Legende Qualtinger orientierten.

Friedrich Torberg sagte einmal : "Der größte Fehler des Qualtinger ist der, daß er bereit ist, alles zu glauben, was über ihn in den Zeitungen steht. Vorausgesetzt natürlich, daß es etwas Hymnisches ist."

In Wahrheit war er nämlich ganz anders. Von Natur aus war er nicht als "Blader" konzipiert. Im Gegenteil: er war feingliedrig, ungemein zart besaitet, sensibel und sehr leicht verletzbar. Daß er durch seine krankheitsbedingte Körperfülle wie ein erratischer Block wirkte, das war eine der vielen Täuschungen, denen nicht nur die Öffentlichkeit, sondern letzten Endes auch er selbst zum Opfer fiel.

Der Ur-Qualtinger, den ich 1949 kennenlernte - er war damals 21 Jahre alt - war nicht nur schlank, nein, er war nahezu ausgemergelt. Seine wesentlichste Ambition war die Schriftstellerei. Er hatte stets eine prall gefüllte Aktentasche mit seinen "gesammelten Werken" bei sich, aus denen er jederzeit bereit war, vorzulesen. Und da konnte man - nebst viel Unausgegorenem - eine treffliche Pointierungskunst entdecken, sowie eine Beobachtungsgabe, die verblüffte. Wenn er seine selbstverfaßten Dialoge vortrug, wurde man teils an Nestroy, teils an Horváth erinnert. Dazu kam noch, daß seine "vis comica" schon damals sehr ausgeprägt war, und demzufolge war er ein gerngesehener Gast im ehemaligen Wiener "Underground". Zunächst als gesuchter Salonlöwe, später als angehendes Genie.

Kurz danach entstanden unsere ersten gemeinsamen Cabaretprogramme für den Rundfunk. Mit im Autorenteam waren Michael Kehlmann und Carl Merz. Qualtinger mit seinen unzähligen Stimmen entpuppte sich sehr bald als der Star des Teams. Und die Aktentasche mit seinen "gesammelten Werken" wurde immer dicker. Daß sich unter den Texten, die er nun seinen Bewunderern vorzulesen pflegte, auch etliche Texte von Kehlmann, Merz oder von mir befanden, wußte er dezent zu übergehen.

Ein Text, dem er seine Darstellungskunst verlieh, wurde automatisch zu einer "Qualtinger-Nummer" und daran hat sich nicht nur sein Publikum und die Presse, sondern auch er selbst sehr schnell gewöhnt.

Jahre vergingen. Eine akute Schilddrüsenerkrankung ließ ihn immer dicker werden und er wurde als "Typ" der unverwechselbare "Blade" mit den vielen Stimmen. Er avancierte zum gesuchten Darsteller und hatte immer weniger Zeit zum Schreiben. Seine Vorbilder hießen nicht mehr Nestroy und Horváth, sondern Emil Jannings, Sydney Greenstreet und Orson Welles. Seine ursprünglich stärkste Begabung, nämlich einen Mißstand mit einem dahingeworfenen Satz und einer dazugehörenden Geste ein für alle Mal zu entlarven, verkümmerte zusehends. Sein analytischer Geist beschränkte sich darauf, jene Texte zu analysieren, die andere - meist Carl Merz - für ihn schrieben. An seinem Image in der Öffentlichkeit sollte dies nichts ändern. Sein Publikum fraß ihm aus der Hand und seine Kritiker schrieben Hymnen.

Sie taten ihm nichts Gutes damit. Irgendwer hätte ihn daran erinnern müssen, daß er eigentlich nach ganz anderen Gesetzen in den Ring gestiegen war: als kreativer Zeitkritiker und nicht als Interpret.

Aber er zog den leichteren Weg vor. Schreiben ist bekanntlich viel schwieriger, als Text auswendigzulernen. Außerdem werden Autoren - soweit man sie überhaupt zur Kenntnis nimmt - nicht annähernd so gut bezahlt, wie Darsteller. Soweit stimmte alles - doch gab es einen, der darauf nicht hereinfiel. Nämlich Helmut Qualtinger selbst.

Sich selbst konnte er auf Dauer nicht belügen. Das hohle Denkmal, zu dem er mit der Zeit hochstilisiert wurde, hätte er vermutlich in seiner Sturm- und Drangzeit mit einer flüchtigen Geste zum Einstürzen gebracht. Das Spannungsfeld zwischen Erstrebtem und Erreichtem machte ihn zum Alkoholiker. Er konnte sich keine Texte mehr merken und begann mit Lesungen: Kraus, Nestroy, Hitler, was immer er las - das Publikum war begeistert und die Presse schrieb Hymnen. Und niemand wollte zur Kenntnis nehmen, daß hier eigentlich mit einer der stärksten Begabungen dieser Generation in aller Öffentlichkeit Schindluder getrieben wurde. Es war so, als würde man mit Champagner Geschirr spülen.

Das Denkmal setzte schon zu Lebzeiten Patina an. Als Helmut Qualtinger starb, galten die Nachrufe nicht dem Menschen, sondern dem Denkmal Qualtinger. Man orientierte sich nicht an dem, was er eigentlich gewollt und nicht erreicht hatte, sondern an den Hymnen, die über ihn zu Lebzeiten geschrieben wurden. An jenen Hymnen, die zu einem wesentlichen Teil am Scheitern des einst so sensiblen Feuergeistes mitschuldig waren.

Auch ich trauere um Helmut Qualtinger. Vor allem trauere ich aber um die unzähligen Satiren, Essays, Novellen und Theaterstücke, die er irgendwann konzipiert und nie geschrieben hat, weil er zu sehr damit beschäftigt war, jenes Denkmal darzustellen, das die Öffentlichkeit unbedingt in ihm sehen wollte.

Michael Kehlmann

Er war in unseren grauen Anfangszeiten der Katalysator dessen, was später "Die goldene Wiener Cabaret-Zeit" genannt wurde. Er hat uns zusammengebracht und, was noch viel schwieriger war, er hat uns zusammengehalten.

Nominell war er der Regisseur unseres Teams, aber als solchen hat ihn eigentlich niemand empfunden. Den Qualtinger konnte sowieso kein Mensch inszenieren, der Merz empfand jede Regieanweisung als persönliche Beleidigung, und ich hatte nie die Absicht, Schauspieler zu werden, also interessierte mich der Regisseur überhaupt nicht.

Trotzdem war er damals der wichtigste Mann im Ensemble. Er sagte uns, was wir zu schreiben hätten und wenn es nicht gut war, setzte er sich hin und schrieb es so lange um, bis es stimmte. Er schlichtete ständig die obligaten Streitereien - ohne die es kein kreatives Teamwork zu geben scheint - und wenn es nicht anders ging, brüllte er uns einfach nieder, denn er hatte von uns allen die lauteste Stimme.

Unsere erste gemeinsame Zusammenarbeit war "Reigen 51", eine damals gültige Aktualisierung von Schnitzlers "Reigen". Trotz zum Teil wütender Verrisse lief das Stück fast ein ganzes Jahr lang. Dann folgte unser allererstes Cabaret-Programm namens "Brettl vor'm Kopf", in dem unter anderem der "G'schupfte Ferdl" das Licht der Bühnenwelt erblickte.

Während der Vorbereitungen zu einem neuen Programm bekamen wir - Kehlmann und ich - das Angebot, nach Hamburg zu gehen, um dort beim neugeborenen Deutschen Fernsehen mitzumachen. Kehlmann als Schreiber und Regisseur, ich als Komponist und "Mädchen für alles" in der Unterhaltungsabteilung. Natürlich hatten wir beide keine Ahnung vom Fernsehen, doch stellten wir schon nach wenigen Tagen fest, daß wir da nicht die einzigen waren. Was immer damals gemacht wurde, erwies sich als waghalsiges Experiment. Manchmal als gelungenes, doch das war eher die Ausnahme.

Dem Publikum - sofern es überhaupt eines gab - fiel das natürlich nicht auf. Erstens hatte es keine wie immer gearteten Vergleichsmöglichkeiten, zweitens achtete man damals weniger aufs Programm, als vielmehr auf die Empfangsqualität des Fernsehapparates und die Leistungsfähigkeit der Antenne.

Es waren wahrhaft paradiesische Zeiten. Ich weiß nicht, wieviele Sendungen wir damals miteinander gestalteten, es ist auch ziemlich egal, weil sie ohnehin kein Mensch mehr freiwillig ansehen würde. Aber im Verlaufe dieser ersten linkischen Gehversuche erlernten wir einen neuen, damals faszinierenden Beruf.

Natürlich hatten wir immer wieder Meinungsverschiedenheiten, bei denen sich Kehlmann meistens durchzusetzen pflegte. Erstens hatte er - wie erwähnt - die lautere Stimme, und zweitens verstand er vom Theater wirklich mehr als ich. Bockig wurde ich nur, wenn er mich in Sachen Musik belehren wollte - da war ich unbelehrbar. Meistens jedoch empfand er sich mir gegenüber als der Regisseur, ohne dessen Anweisungen ich mir verloren vorzukommen hatte.

Die Zeit verging und unsere Wege trennten sich. Mischa wurde ein erfolgreicher und angesehener Fernsehregisseur und ich wurde, ich weiß nicht genau was, aber ich war auch nicht ganz erfolglos.

Dann nach einer längeren Pause kamen wir wieder zusammen. Wir hatten irgend etwas gemeinsam zu schreiben und taten dies meistens bei mir daheim. Ich bewohnte damals ein hübsches kleines Haus in einem Hamburger Vorort, in dem ich ein geräumiges Arbeitszimmer mit Klavier hatte.

Eines Tages begann es, während ich am Klavier saß und mir einige Notizen für unsere nächste Arbeitssitzung machte, im Keller zu brennen. Die Hausgehilfin stieß entsetzte Hilfeschreie aus, ich stürzte wie besessen in den Keller, um so gut es ging die Flammen zu ersticken, was mir auch bald gelang.

Die Hausgehilfin wollte zum Telefon laufen, um die Feuerwehr zu alarmieren, und mitten in diesem Chaos kam Mischa Kehlmann an, um mit mir an einem neuen Stück zu arbeiten.

Aus dem Keller quollen dicke Rauchwolken, die vom erloschenen Brandherd durch Tür- und Fensterritzen drangen. Es muß furchterregend ausgesehen haben. Doch Mischa ließ sich davon nicht abschrecken, er eilte zur Kellertür, um zu mir zu gelangen. Vergebens, die Tür war mit einem tosischen Schloß versehen und ließ sich ohne Schlüssel nicht öffnen. Er rüttelte wie ein Besessener an der Türklinke, natürlich ergebnislos.

Inzwischen wurde mir im Keller die Rauchentwicklung zu viel. Durch die Tür wollte ich nicht hinaus, weil sich davor zu viel verkohltes Gerümpel befand, also ging ich an das andere Ende des Raumes, öffnete ein Kellerfenster und war eben im Begriff, ins Freie zu steigen, als ich mich einem panischen Kehlmann gegenübersah, der folgende denkwürdigen Worte brüllte:

"Was kommst Du denn raus, Du Trottel - ich will Dich doch retten!"

Offensichtlich war er darüber entrüstet, daß ich ihm seine Inszenierung zerstört habe. Er fühlte sich auch in dieser Situation als Regisseur und demnach für mich verantwortlich.

Zu seiner Ehre sei gesagt, daß er eine Schrecksekunde später selbst über seine spontane Reaktion zu lachen begann.

Dann umarmte er mich erleichtert und wir begannen mit unserer Arbeit.

In den Jahren, die kommen sollten, haben wir noch viel miteinander gearbeitet.

Und wir haben uns oft umarmt...

Bruno Kreisky

Als ich ihn kennenlernte, war er noch Gymnasiast und ich war ungefähr drei Jahre alt. Mein älterer Bruder brachte ihn eines Tages mit nach Hause. Die beiden kannten einander aus der "Sozialistischen Arbeiterjugend" (S.A.J) und mit der Zeit entstand zwischen den beiden weit mehr, als das Zusammengehörigkeitsgefühl zwischen politisch Gleichdenkenden.

Wann immer Bruno von seinem höchst großbürgerlichen Vater wegen "linker Umtriebe" aus dem Elternhaus gejagt wurde - und das pflegte mit schöner Regelmäßigkeit zu geschehen - fand er bei uns Unterschlupf. Nach einigen Tagen verrauchte meistens der Zorn seines Vaters und alles ging weiter, wie gehabt.

Eine meiner frühesten Kindheitserinnerungen ist ein Reim, den mir der fünfzehnjährige Gymnasiast Bruno beibrachte:

"Ich bin kein Jud', ich bin kein Christ.
Ich bin ein kleiner Sozialist."

Als ich ihn Jahre später daran erinnerte, brummte er nachdenklich:

"Wär's nicht schön, wenn man wirklich selbst entscheiden könnte, was man ist? Leider ist das im wirklichen Leben nicht so einfach..."

Die Freundschaft zwischen meinem Bruder und Bruno Kreisky ging 1938 abrupt zu Ende. Kreisky ging nach Schweden, mein Bruder nach Dachau, von wo er nicht mehr zurückkam.

*

Nach dem Krieg traf ich Kreisky wieder. Der einst jugendliche Revoluzzer war wohlbestallter Staatsbeamter im Nadelstreif geworden, er war Kabinettsvizedirektor in der Präsidialkanzlei des damaligen Bundespräsidenten Körner, und als wir einander trafen, war mein erster Gedanke: "Wenn sein großbürgerlicher Vater ihn jetzt sehen könnte, wäre er sicher sehr stolz auf ihn."

Dann kamen wir ins Gespräch und schon nach wenigen Sätzen stellte sich heraus, daß er ganz anders war, als er nach außen hin wirkte. Er war genauso herzlich und humorvoll, wie ich ihn in Erinnerung hatte, doch hatte sein Humor einen wehmütigen Beigeschmack erhalten.

Wir haben uns nicht sehr oft gesehen, aber wenn, dann ausgiebig. Es gab nicht allzuviele Menschen, vor denen er die Maske des Staatsmannes fallen lassen konnte. Ich war einer der ganz wenigen. Daher ist das Bild, das ich von Bruno Kreisky in mir trage, ein ganz anderes, als das der offiziellen Biographen.

Als er im April 1970 zu seinem eigenen größten Erstaunen Bundeskanzler wurde, gab es eine Feier in einem Heurigenlokal neben seinem Wohnhaus, zu der er all seine alten Freunde einlud - darunter auch mich.

Kreisky ging mit seinem Weinglas, von dem er kaum jemals nippte, von Tisch zu Tisch, um - wie er sagte - die "odeurs" zu machen, und als er bei jenem Tisch angelangt war, an dem ich mit einigen Freunden und Kollegen saß, begann am anderen Ende des Raumes ein Mann mit einer wunderschönen Baßstimme zu singen. Und zwar sang er, wie sich das für einen Baß geziemt, "im tiefen Keller". Es wurde still im Raum, alle hörten andächtig zu, und am Ende des Liedes gab es wilden Beifall. Ich wandte mich an Kreisky und fragte:

"Wer ist dieser großartige Sänger, den kenn' ich gar nicht."

"Das ist kein Sänger, sondern ein Rechtsanwalt aus der Steiermark."

"Wie kommt der daher?"

"Ach, das ist eine lange Geschichte", sagte er wegwerfend.

"Die würde mich schon sehr interessieren."

"Also gut", begann er, "ich hab heut eh nix Wichtigeres zu tun, als G'schichten zu erzählen."

Alle an unserem Tisch Anwesenden spitzten die Ohren, denn Bruno Kreisky war in eingeweihten Kreisen als Geschichtenerzähler berühmt. Ich persönlich stand ja auf dem Standpunkt, daß er als Conférencier eine große Karriere gemacht hätte.

“Angefangen hat's damit”, erzählte er bedächtig, “daß ein schwarzer Landtagsabgeordneter, ein gewisser Scheibengraf, mich bei einer Wahlversammlung in der Steiermark als ‘Saujuden’ bezeichnet hat. Mich hat das nicht weiter aufgeregt, wenn mich daran etwas gewundert hat, dann höchstens, daß das nicht viel öfter passierte.

Aber die steirischen Genossen waren empört, am meisten aufgeregt haben sich natürlich die mit einer eigenen Nazivergangenheit, aber das ist eine andere Geschichte...

Einer nach dem anderen hat mich angerufen, um mir zu sagen, daß ich diesen Scheibengraf klagen soll, und ich hab' ihnen gesagt: ‘Wie stellt's Ihr Euch das vor? Ich kann doch nicht unseren Parteianwalt, den Rosenzweig zu Gericht schicken, wie schaut denn das aus?’

Da haben s' mir gesagt, daß das natürlich nicht geht, aber sie haben in Graz einen erstklassigen Anwalt, einen gewissen Dr. Sowieso, der ein hundertprozentiger Arier ist, den werden sie mit dem Fall beauftragen.

‘Von mir aus’, hab ich g'sagt, ‘aber ich selbst möcht mit der G'schicht nix zu tun haben.’

Einige Tage später geht in meinem Büro die Tür auf und herein kommt ein zwei Meter langer Gewitter-Goj im Steireranzug und erklärt mir mit dröhnender Baßstimme, daß er von den steirischen Genossen beauftragt sei, die Causa gegen den Scheibengraf durchzufechten.

Ich hab' ihn ganz verschüchtert gefragt, was ich dabei zu tun hätte. Darauf sagt er mir, daß ich nix tun muß, er macht das alles allein. Ich soll ihm nur sagen, auf was er den Scheibengraf eigentlich klagen soll.

‘Auf Ehrenbeleidigung, nehme ich an.’

‘Na das weiß ich auch’, pfaucht er mich an, ‘aber er muß ja was zahlen, und zwar viel. Wollen Sie das Geld privat verwenden, oder irgendeiner wohltätigen Vereinigung zukommen lassen?’

‘Ich will kein Geld von dem Kerl’, sag ich d'rauf, ‘suchen s' sich irgendeine anständige Hilfsorganisation aus.’

‘Wird gemacht!’ sagt er. Steht auf, klappt die Hacken zusammen, verbeugt sich und geht ab.

Ein paar Monate später - ich hab' den ganzen Vorfall schon längst vergessen - geht wieder die Tür auf und der Gewitter-Goj marschiert im Triumphmarsch in mein Büro.

'Gute Nachricht! Ich habe den Kerl ans Kreuz genagelt. Er muß nicht nur 50.000 Schilling ans SOS-Kinderdorf zahlen, dazu kommt noch eine Art Schmerzensgeld von 10.000 Schilling, die gehen an Amnesty International, dazu kommen die Prozeßkosten, was auch kein Hund ist, und die ganzen Anwaltskosten muß er auch noch blechen - der wird sich's gründlich überlegen, bevor er wieder sowas in der Öffentlichkeit sagt. Damit, glaube ich, ist der Fall ein für alle Mal aus der Welt geschafft und zwar hoffentlich zu Ihrer vollen Zufriedenheit!'

Dann schaut er mich von seinen zwei Metern Höhe aus durchdringend an, klappt die Hacken zusammen, verbeugt sich kurz - und dann hab ich nur darauf gewartet, daß er sagt: 'Und jetzt muß a Ruh sein, Sie Saujud'!'

Aus lauter Dankbarkeit, daß er das nicht gesagt hat, hab' ich ihn heut' zum Heurigen eingeladen..."

*

Bruno Kreisky war einer der facettenreichsten Menschen, die ich je gekannt habe.

Ich bin sicher, daß er dem Arafat, als er in seinem Haus zu Besuch war, ganz andere Geschichten erzählt hat.

Er konnte nämlich mit jedem Menschen, der ihm über den Weg lief, in dessen ureigenster Diktion reden. Und zwar so perfekt, daß jeder seiner Gesprächspartner den Eindruck gewinnen mußte, jetzt endlich den wahren Kreisky kennengelernt zu haben.

Manchmal habe ich es ehrlich bedauert, daß es so viele verschiedene Kreiskys gab. Der Kreisky, den ich kannte, war mir der liebste.

Andererseits weiß ich, daß *dieser* Kreisky nie zum Bundeskanzler von Österreich gewählt worden wäre.

*

Es gäbe noch ziemlich viele Menschen, über die ich in diesem Rahmen berichten sollte. Menschen, die mir nahe standen, die ich respektiert und geliebt habe.

Leopold Lindtberg etwa, der mich gelehrt hat, daß ein Regisseur dem Autor zu dienen hat und nicht umgekehrt.

Oder Robert Gilbert, der mir erklärt hat, daß eine Übersetzung besser sein muß, als das Original. Denn der Übersetzer muß nichts erfinden - er kann daher viel mehr auf Form und Schönheit der Sprache achten als der Autor.

Oder Hermann Leopoldi, der mich davon überzeugt hat, daß eine Melodie dem Publikum nur dann gefallen kann, wenn der Komponist an sie glaubt.

Oder Ernst Stankovski, der sich nie mit dem Erreichten zufrieden gab, sondern jeden Erfolg zum Anlaß nahm, etwas Neues zu versuchen.

Oder Lore Krainer, die mir bewiesen hat, daß man ganz ohne Opportunismus, nur mit Intelligenz, Fleiß und Anständigkeit auch Karriere machen kann.

Oder Rudolf Buchbinder, der mich in meinen späten Jahren zum Klavierüben angestiftet hat, nur damit ich mit ihm vierhändig spielen konnte.

Oder Kurt Sobotka, der mit mir 30 Jahre lang durch dick und dünn ging, ohne jemals zu fragen, wohin.

Wenn ich all diesen Freunden - sowie etlichen anderen - kein eigenes Kapitel widme, dann liegt es nur daran, daß sie mir keine Anekdoten geliefert haben. Sie waren - oder sind - ganz einfach zu normal, um Pointen zu absorbieren.

Trotzdem - oder vielleicht gerade deswegen - war ich glücklich, sie Freunde nennen zu dürfen.

SHOWBUSINESS

Die ganze Welt ist Bühne.
Und die Darsteller haben nicht geprobt.

Eine junge, besonders hübsche Dame sagte mir einmal: "Ich überlege mir allen Ernstes, ob ich nicht vielleicht zum Theater gehen sollte."

Darauf erwiderte ich: "Liebes Fräulein, wenn Sie auch nur einen Moment lang überlegen müssen, ob Sie zum Theater gehen sollen oder nicht, dann haben Sie dort nichts verloren."

Man überlegt nicht, ob man zum Theater gehen soll. Man geht zum Theater! Weil man sonst nicht leben kann, weil man sonst ein halber - oder gar kein Mensch wäre.

Womit auch schon klar zum Ausdruck gebracht ist, daß "normale" Leute am Theater ein Widerspruch in sich sind. Kein vernünftig denkender Mensch wäre bereit, all die vielen Entbehrungen und Selbstverleugnungen in Kauf zu nehmen, ohne die das, was man später "Karriere" nennen wird, ganz einfach nicht stattfinden kann.

Im Verlaufe der nun folgenden Kapitel will ich versuchen, dem Außenstehenden einige der "system-immanenten" Absurditäten des Theaters, sowie all seiner Ableger, die unter dem Sammelbegriff "Showbusiness" kursieren, etwas näher zu bringen.

Als Einleitung, - quasi als schonende Vorbereitung zu diesem Thema - möchte ich eine wahre Geschichte notieren, die mir vor vielen Jahren Richard Eybner, der skurrile Burgmime, erzählt hat.

Es war in den Dreißigerjahren, das Burgtheater war wieder einmal - wie so oft - in einer Krise; der damalige Direktor Hermann Röbbeling wurde von allen möglichen und unmöglichen Seiten angefeindet, wobei natürlich die wahre Ursache der Krise, nämlich die desolate politische und wirtschaftliche Lage des Staates überhaupt nicht zur Debatte stand.

In dieser Situation begegnete Eybner eines Tages dem noch viel skurrileren Schriftsteller Herzmanovsky-Orlando.

"Was tut sich Neues an Eurem Theater?", wollte Herzmanovsky wissen.

"Nix besonderes, man wurschtelt irgendwie dahin", antwortete Eybner wahrheitsgemäß.

"Das liegt daran", belehrte ihn der Dichter, "daß Ihr in dem Scheißtheater keine vernünftigen Stücke spielt, die die Leut' wirklich sehen wollen."

"Woher soll man die nehmen?"

"Von mir", sagte Herzmanovsky mit ungeheurem Selbstbewußtsein. "Ich hab eben ein neues Stück fertiggeschrieben, das für Euer Theater paßt, wie a Faust aufs Gretchen."

"Na zeig's doch dem Röbbeling", riet Eybner.

"Die G'schicht hat nur einen Haken", sinnierte Herzmanovsky. "Weißt, in dem Stück kommen zwölf Hofzwerge vor."

"Na und?"

"Ich geb dem Röbbeling das Stück nur, wenn er mir nachweisen kann, daß er diese Hofzwerge mit zwölf adeligen Liliputanern besetzen kann..."

Verrückt? Natürlich.

Etwa 30 Jahre später wurde das Stück tatsächlich in der "Burg", wenn auch "nur" am Akademietheater gespielt. Zwar ohne die adeligen Liliputaner, weil die 12 Hofzwerge gänzlich gestrichen wurden, aber "Kaiser Joseph und die Bahnwärterstochter" erwies sich als gewaltiger Publikumserfolg.

Offensichtlich braucht das Theater, um leben und überleben zu können, Visonäre, Verrückte und Spinner vom Schlage Herzmanovsky-Orlandos.

Alle anderen sollen Zahnärzte werden, Gärungstechniker oder Magistratsbeamte.

Schauspieler

Schauspieler sind Menschen wie Du und ich - nur ein bißchen mehr. Sie haben es nämlich - im Unterschied zu Dir und mir - gelernt, Menschen wie Dich und mich darzustellen. Daher können sie es besser.

Trotzdem sind sie keine Übermenschen. Sie bekommen genauso Zahnweh, wie unsereiner; ebenso Krampfadern, wenn sie zu lange stehen, beziehungsweise Hämorrhoiden, wenn sie zu lange sitzen.

Daher halte ich den Personenkult, der um besonders erfolgreiche Exponenten des Schauspielergewerbes gewoben wird, für dumm, überflüssig - in manchen Fällen sogar für schädlich.

Andererseits ist natürlich nichts dagegen vorzubringen, daß ein Publikumsliebling von seinem Publikum geliebt wird. Es ist nämlich gar nicht so leicht, ein Publikumsliebling zu werden. Auf der Schauspielschule lernt man

Rhetorik, Diktion, Stimmbildung, Bewegungstechnik, Theatergeschichte und sogar Fechten (für den Fall, daß man einmal in die Lage versetzt werden sollte, den Cyrano zu spielen), nur wie man Publikumsliebling wird, das wird nirgendwo unterrichtet.

Publikumsliebling werden - das kann man nicht einmal planen. Das passiert einem, wenn man Glück hat - und sonst noch allerhand...

Allerdings hat es so ein Publikumsliebling nicht immer leicht: Erfolg ist nämlich auf die Dauer ebenso schwer zu ertragen, wie Mißerfolg. Abgesehen davon, daß einem das Publikum übermenschliche Qualitäten zumutet, ist es nicht jedermanns Sache, die überschwenglichen Hymnen und Elogen der Presse zur Kenntnis zu nehmen, um danach schlicht zur Tagesordnung überzugehen. Personenkult korrumpiert. Das trifft auf Schauspieler genauso zu, wie auf Politiker, Rockstars und Dirigenten.

Wenn es ein Schauspieler - also ein Mensch, der davon lebt, daß er Worte, die sich irgendwer anderer ausgedacht hat, auswendig lernt, um sie dann öffentlich aufzusagen - wenn also so ein Mensch vom Erzeuger einer (angeblich) milden Kaffeesorte etliche Millionen dafür kassiert, daß er in einem Ärztekittel vor der TV-Kamera erscheint, um dem gläubigen Publikum zu erzählen, wie gesund es doch ist, ausgerechnet diesen Kaffee zu trinken, dann Freunde, ist es schwer, normal zu bleiben.

Und warum bekommt er diese Millionen? Weil er kurz davor in einer schnulzigen Erfolgsserie einen ungemein klugen und sympathischen Arzt zu spielen hatte. Demnach wurde er für das breite Publikum viel mehr Arzt, als es ein echter Arzt je sein kann.

Daß er in seiner Ärzterolle nichts anderes zu tun und zu sagen hatte, als das, was sich ein Autor im stillen Kämmerlein ausgedacht hat, nachdem er einige wirkliche Ärzte um ausführlichen Rat gebeten hatte, das interessiert keinen Menschen.

Und was das Schlimmste dabei ist: das Publikum nimmt es seinem Liebling überhaupt nicht übel, daß er a) sich in aller Öffentlichkeit vor der Kamera prostituiert und b) seine Anhängerschar irreführt. Im Gegenteil: man glaubt ihm, daß sein Kaffee gesünder ist, als jener der Konkurrenz, ebenso wie man ihm durch unzählige Folgen seiner TV-Serie geglaubt hat, daß er ein guter Arzt war.

Wen also wundert es, wenn Schauspieler - vorsichtig ausgedrückt - mit der Zeit ein bißchen anders werden, als ihre Mitmenschen?

*

Aber Vorsicht! Ich will nicht alle Kinder, die irgendwann beschlossen haben, Schauspieler zu werden, mit dem Bad ausschütten. Es gibt auch solche, die normal geblieben sind. Die klug genug sind, sich und ihren Einfluß auf ihr Publikum nicht zu überschätzen, die wissen, was sie den Autoren zu verdanken haben, deren Texte sie auswendig gelernt haben, und die sich nicht weiter in den Vordergrund spielen, als unbedingt nötig ist.

Der Haken ist leider nur, daß das p.t. Publikum von dieser Sorte Schauspieler kaum je Notiz nimmt. Daher wollen wir uns bis auf weiteres mit der anderen Kategorie befassen.

Das sind jene Typen, die sich nicht damit begnügen, den Hamlet oder den Karl Moor in ersten Häusern spielen zu dürfen, sie brauchen mehr, um ihr Ego zu befriedigen: sie müssen nebenbei Manifeste unterschreiben, Sozialkritik üben und Volksreden halten. Daß sie zuweilen keine Ahnung haben, worum es sich wirklich handelt, stört sie nicht im mindesten.

Ein Beispiel: im September 1968, kurz nach dem Einmarsch der "brüderlichen Streitkräfte" des Warschauer Paktes in Prag, war wieder einmal eine meiner Cabaretsendungen im Österreichischen Fernsehen fällig. Natürlich war die Besetzung der CSSR das Thema Nummer eins. Ich hatte daher vor, einen sehr beliebten Schauspieler - wir wollen ihn Schestak nennen - für meine Sendung zu aktivieren. Der Grund hiefür waren nicht so sehr seine schauspielerischen Qualitäten, als vielmehr die Tatsache, daß dieser Schestak sich immer wieder für kommunistische Propaganda mißbrauchen ließ und daher in der Öffentlichkeit ein sehr linkes Image besaß. Ich dachte mir, daß es Eindruck schinden müßte, wenn sich ein solches Aushängeschild der Linken nun ausnahmsweise von den Aktionen seiner Parteigänger distanzieren würde.

Ich traf mich mit ihm in einem Kaffeehaus zu einer Besprechung. Worum es eigentlich ginge, wollte er wissen.

"Es geht um eine entschiedene Stellungnahme zu den Ereignissen in der Tschechoslowakei", begann ich.

"Welche Ereignisse?"

Ich faßte mich in Geduld: "Die Rede ist vom Einmarsch der Russen in Prag."

"Aha!" Mein Gegenüber - der Publikumsliebling - dürfte also doch schon von der Sache gehört haben.

"Bist Du bereit, mitzumachen?", wollte ich wissen.

"Selbstverständlich bin ich bereit...nur möchte ich vorher wissen: sind wir dafür, oder sind wir dagegen...?"

Überflüssig zu vermerken, daß diese Sendung ohne den Publikumsliebling über den Äther ging.

Dieser "Schestak" hat seit damals etliche Manifeste mitunterzeichnet, hat einige Volksbegehren unterstützt und ist immer wieder mit einer sehr präzisen Meinung in der Öffentlichkeit hervorgetreten. Es ist anzunehmen, daß Tausende von jungen Menschen im Laufe der Zeit von ihm in irgendeiner Form beeinflußt worden sind.

Doch das einzige, was mir von seinen zahllosen Äußerungen in Erinnerung blieb, ist die Frage:

"Sind wir dafür - oder sind wir dagegen?"

*

Mein Freund Carl Merz war nicht nur der Conférencier unseres Cabarets, er war auch das produktivste und wesentlichste Mitglied unseres Autorenkollektivs, und was vielleicht noch wichtiger ist: er war einer der klügsten Menschen, mit denen ich je beruflich oder privat zu tun hatte.

Wann immer wir ein neues Programm herausbrachten, hatte er es zu conférieren, und diese Conférencen mußten natürlich auch geprobt werden. Allerdings geschah dies immer erst wenige Tage vor der Premiere, weil wir erst dann wußten, wann und wo welche Überleitungen gebraucht wurden.

Diese Proben fanden demnach in einer ziemlich gespannten Atmosphäre statt, und weil Merz ein ziemlich introvertierter Mensch war, wollte er möglichst wenige Zeugen dabei haben. Mit anderen Worten: es war außer ihm und mir kein Mensch im Theater, wenn Conférencen geprobt wurden.

Einmal begab es sich, daß Merz innerhalb einer seiner Conférencen einen (damals) sehr bekannten Politiker zu parodieren plante und dieser Text - natürlich erst im letzten Moment geschrieben - war schwer zu memorieren. Daher einigten wir uns darauf, ihm ein Rednerpult auf die Bühne zu stellen, von dem er jederzeit ablesen konnte, was ihm gerade nicht einfiel.

Um aber diese Gedächtnisstütze nicht allzu auffällig als solche zu deklarieren, schlug ich vor, aus der Existenz des Rednerpults einige Gags zu schinden. Merz sollte etwa mitten im Satz stocken, umblättern, weiterlesen - um erst nach einigen Zeilen festzustellen, daß er eine Seite zuviel umgeblättert hatte, und demzufolge seiner Rede einen ganz anderen Sinn zu verleihen, als geplant. Kurz: es sollte gezeigt werden, daß Politiker nicht unbedingt wissen, was sie ihrem staunenden Publikum alles vorlesen...

Der von uns gewünschte Effekt konnte natürlich nur durch besondere Präzision erzielt werden. Merz mußte an einer ganz bestimmten Stelle seinen Text "vergessen", mußte zwei Blätter umdrehen, bis zu einer bestimmten

Stelle weiterlesen, merken, daß er einen Blödsinn sprach, hilfesuchend ins Publikum blicken, zurückblättern und nach einem Seufzer der Erleichterung triumphierend weiterlesen.

Irgendwie gelang ihm das nicht. Er probte es immer wieder, doch irgend etwas ging immer schief. Einmal fielen ihm die losen Blätter vom Rednerpult, dann vergaß er, bei welchem Stichwort er zu "stocken" hatte, dann wiederum vergaß er, zweimal umzublättern, und so weiter...

Nach einer guten Viertelstunde riß mir die Geduld. Ich rief zur Bühne hinauf:

"Carry! Du bist doch ein intelligenter Mensch - wieso zum Teufel kannst Du Dir das nicht merken?"

Da wurde mein Freund Carl Merz richtig böse. Er kam hinterm Rednerpult hervor, und brüllte mich an:

"Du verschanz' Dich nicht hinter meiner Intelligenz! Merk' Dir eins: wenn ich hier auf dieser Bühne stehe, dann bin ich *Schauspieler* - und als solcher habe ich das von Alters her verbriefte Recht, ein Trottel zu sein!"

*

Schauspieler haben nicht nur gelernt, Menschen darzustellen, sie können - wenn's darauf ankommt - mehr: sie können auch Intellektuelle personifizieren.

Voraussetzung ist natürlich, daß Ihnen ein guter Autor die entsprechende "Software" zur Verfügung stellt, und sie diese wortgetreu auswendig lernen. Wenn sich dann noch ein guter und geduldiger Regisseur der Sache annimmt, und dem Mimen Wort für Wort beibringt, wie sich ein Intellektueller beträgt, dann kann nach entsprechender Probenzeit beim Publikum durchaus der Eindruck entstehen, daß der Mensch auf der Bühne weiß, wovon er spricht, wenn er spricht.

Und wenn so ein Menschenimitator lange genug Intellektuelle zu spielen bekommt, dann hält ihn das Publikum auch für einen solchen. Was an sich noch kein Übel wäre. Wirklich bitter wird es erst, wenn sich der Besagte selbst für einen Intellektuellen zu halten beginnt, nur weil er den Faust, den Torquato Tasso, oder den Galilei spielen kann.

Dann nämlich entsteht das Phänomen des "Schauspielers mit eigenem Text" - und das noch dazu ohne Regisseur:

"Ihr redet über die Nazizeit", wies uns einmal einer der wesentlichsten Mimen des Burgtheaters zurecht, "ohne zu wissen, wie es damals wirklich war. Ich war da, bis zum bitteren Ende! Ich mußte mitansehen, wie unser heiliger Musentempel in Trümmern vor mir lag...mein Lebtag werde ich diesen Anblick nicht vergessen...womit haben wir das verdient, wir Burgschauspieler? Wir waren immer völlig unpolitisch. Wir hatten auch gar keinen Grund, uns politisch zu betätigen. Das Theater war jeden Abend gesteckt voll - egal, was gespielt wurde...es war eine herrliche Theaterzeit. Bei jeder Premiere saß Gauleiter Baldur von Schirach in der Kaiserloge...ein wirklicher Herr, sehr kunstverständig...nach der Premiere pflegte er hinter die Bühne zu kommen, um den Hauptdarstellern die Hand zu schütteln...wo findet man das heute noch?"

"Ja, aber", wagte einer von uns schüchtern einzuwenden, "es ist doch auch sehr vielen Menschen Unrecht geschehen damals..."

Der große Schirach-Bewunderer wischte den schüchternen Einwand mit einer resoluten Handbewegung ins Nichts.

"Ja, vielleicht einigen Volksschädlingen und vereinzelten Meckerern. Aber die Mehrzahl der Theaterbesucher war auf unserer Seite."

...und so konnte das stundenlang weitergehen. Er war immer noch ein großartiger Schauspieler, seine Stimme erklang im wohlgeschulten Brustton der Überzeugung, er konnte sich gewählt ausdrücken, und so manche seiner jüngeren Kollegen hingen verzückt an seinen Lippen.

Daß er nebenbei das "von Alters her verbriefte Recht" in Anspruch nahm, ein Trottel zu sein, der Werner Krauß, das störte offenbar nur Volksschädlinge und Meckerer.

Zum Beispiel mich.

*

Als absoluten Gegenpol zum eben erwähnten Schauspielerstar möchte ich nun den kostbaren Hans Moser ins Spiel bringen. Eigens für ihn müßte ein neues Wort erfunden werden, nämlich ein Wort, welches das Gegenteil von "Größenwahn" umschreibt. Wenn wir die Sprache der alten Griechen bemühen, geht es vielleicht - wenigstens ungefähr. Wir könnten als Gegensatz zur Megalomanie den Begriff der "Mikromanie" erfinden, eigens um ihn auf den großen Hans Moser anzuwenden.

Wenn es je einen unumstrittenen Publikumsliebling - zumindest im Deutschen Sprachraum - gegeben hat, dann war es Hans Moser. Aber er trieb keinen Mißbrauch mit seiner Popularität. Er ist ein Leben lang der kleine Mann geblieben, den er in zahllosen Theaterstücken und (meist unterdurchschnittlichen) Filmen zu verkörpern hatte. Daß ihm das Publikum zujubelte, machte ihn glücklich - aber ganz verstanden hatte er es nie.

Es gibt unzählige Geschichten, die von Hans Mosers übertriebener Sparsamkeit handeln. Manche seiner Kollegen hielten ihn sogar für geizig. Aber es war nicht Geiz, nicht einmal übertriebene Sparsamkeit, die ihn hin und wieder schrullig erscheinen ließen. Es war seine - ich finde immer noch kein anderes Wort - es war seine “Mikromanie”.

Er entstammte einem Milieu, in dem es eine Selbstverständlichkeit war, jeden Groschen etliche Male umzudrehen, ehe man sich entschloß, ihn auszugeben. Seine schauspielerischen Lehr- und Wanderjahre in der finstersten Theaterprovinz der alten Monarchie waren auch nicht dazu angetan, ihn zum leichtfüßigen Playboy umzuformen. Als er dann endlich eine wirkliche Karriere beginnen konnte, als die Filmgagen immer höher und höher wurden - da war er schon zu alt, um sich zu ändern. Seine “Mikromanie” war längst ein wesentlicher Teil seines Unterbewußtseins und seines Charakters geworden.

Bei der folgenden Begebenheit war ich dabei, ich kann also für die Richtigkeit vollinhaltlich garantieren:

Es war im Jahr 1953, als im Sieveringer Studio eine Nestroy-Verfilmung verbrochen wurde. Der greise Oskar Straus wurde engagiert, um die Musik zu schreiben und da er nicht mehr der Jüngste war (auch nicht der Zweitjüngste), wurde ihm ein Assistent zugeteilt - und der war ich. Demnach war ich verpflichtet, mehr oder weniger regelmäßig im Studio zu sein, um Meister Straus vom Fortgang der Dreharbeiten zu berichten.

Hans Moser spielte leider nur eine kleine Rolle in diesem Film. Er hatte also nur drei Drehtage, aber er bekam als Tagesgage die damals astronomische Summe von 15.000 Schilling. Zum Vergleich: wenn damals jemand 5.000 Schilling im Monat bekam, galt er als guter Verdiener.)

Eines Drehtages, in der Mittagspause, bestellte sich Hans Moser in der Filmkantine ein “Gollasch”, eine Semmel und ein kleines Bier. Als es zum Bezahlen der Rechnung kam - es handelte sich um 16 Schilling - stellte er mit Entsetzen fest, daß er vergessen hatte, seine Barschaft ins Filmkostüm einzustecken. Er sah sich außerstande, seine Rechnung zu begleichen und war verzweifelt.

Jeder andere hätte zum Produktionsleiter hinübergerufen:

“Gehn S’, zahlen S’ diese Rechnung für mich!”

Nicht so Hans Moser. Er stand auf, ging quer durch die Kantine bis er am Tisch des Produktionsleiters angelangt war. Dort verbeugte er sich devot und nuschelte verlegen:

“Entschuldigen S’ vielmals die Störung, aber dürfte ich höflichst um einen Vorschuß von zwanzig Schilling bitten?”

Seine 15.000 Schilling Tagesgage waren für ihn keine erfaßbare Realität. Er verstand nur, daß er der Kellnerin 16 Schilling schuldig war.

Eine weitere mikromanische Episode trug sich im Theater in der Josefstadt zu: Hans Moser spielte in Nestroys "Höllenangst" den alten Schuster Pfriem (übrigens unvergeßlich gut!). Die "Josefstadt" spielt bekanntlich nicht "en suite", sondern "Repertoire", das heißt, daß Moser zwischen den Vorstellungen immer wieder einige Tage zu pausieren hatte. Und so passierte eines Abends das Unvermeidliche: Hans Moser - damals schon über 80 - vergaß, daß er Vorstellung hatte. Normalerweise war er immer schon eine Stunde vor Vorstellungsbeginn im Theater, aber als er eine halbe Stunde vor Aufgehen des Vorhangs noch nicht erschienen war, begann man sich Sorgen zu machen.

Der Inspizient rief an, um sich bei Mosers Frau zu erkundigen, wann der Herr Kammerschauspieler ins Theater gefahren sei, und wann man mit seinem Eintreffen rechnen dürfe. Doch zu seinem Entsetzen meldete sich Hans Moser persönlich am Telephon:

"Ja bitte?"

"Herr Kammerschauspieler! Sie sind noch daheim?!"

"Ja, wo soll ich denn sonst sein?"

"Im Theater! In einer Viertelstunde geht der Vorhang hoch!"

"Ja? Was geben s' denn heut'?"

Der Inspizient konnte nur noch mühsam krächzen: "Höllenangst!"

Nach einer kurzen Pause erkundigte sich Hans Moser: "Wieso? Ist denn heut' nicht Mittwoch?"

"Nein, heute ist Donnerstag!"

"Na wann das so ist, dann komm' ich gleich."

Das Ensemble wurde verständigt, daß Herr Moser sich ein bißchen verspäten würde, es läge aber kein Grund zur Aufregung vor.

Kurz nach halb acht trat der Inspizient vor den Vorhang und ersuchte das Publikum, sich ein wenig in Geduld zu fassen, weil sich heute der Beginn der Vorstellung aus unvorhergesehenen Gründen um einige Minuten verzögern würde.

Es wurde dreiviertel acht, es wurde acht Uhr - von Hans Moser war immer noch nichts zu sehen.

Endlich - kurz vor viertel neun kam er atemlos beim Bühnentor an.

Ein ganzes Konsortium von Direktionsmitgliedern, Bühnenarbeitern und Schauspielerkollegen - letztere schon in Kostüm und Maske - empfingen ihn. Einer stellte ihm die durchaus berechtigte Frage:

"Wieso kommen Sie erst jetzt?"

Der schuldbewußte Moser keuchte:

"Kinder, Ihr müßt's schon entschuldigen, daß es so spät g'worden ist - aber ich hab über zwanzig Minuten lang auf die Straßenbahn warten müssen..."

Daß er - statt auf die Straßenbahn zu warten - sich auch telephonisch ein Taxi vor seine Villa hätte bestellen können, das kam ihm nicht einen Moment lang in den Sinn.

Dort, wo der große Hans Moser herkam, dachte man eben nicht an ein Taxi. Und nur weil er es in den Jahren, die dazwischen lagen, zum Publikumsliebling und daher zum Multimillionär gebracht hatte - das war für ihn kein Grund, sich und seiner Lebenseinstellung untreu zu werden...

*

Nach Durchsicht des bisher Geschriebenen fürchte ich, dieser oder jener Leser könnte zur Erkenntnis kommen, daß ich irgendein Vorurteil gegen Schauspieler habe. Und das stimmt natürlich nicht.

"Einige meiner besten Freunde sind Schauspieler!" - könnte ich mit Recht behaupten, aber dieser Satz würde mich allzusehr an ähnlichgelagerte engstirnige Äußerungen erinnern, die ich immer schon zum Kotzen fand - daher setze ich diese Behauptung in Anführungszeichen.

Davon abgesehen, habe ich einen gewaltigen Respekt vor Leuten, die in der Lage sind, kraft ihres Könnens und ihrer Persönlichkeit eine größere Menge von Mitmenschen, die in einem verdunkelten Raum sitzen (und daher naturgemäß dazu neigen, einzuschlafen) nicht nur wachzuhalten, sondern manchmal sogar zu faszinieren.

Allerdings bin ich nicht von selbst zu dieser Erkenntnis gelangt. Dazu bedurfte es eines Schlüsselerlebnisses, das ich dem geduldigen Leser nicht vorenthalten möchte:

Dazu gehe ich zurück ins Jahr 1957.

Wir hatten soeben die erste Saison im eigenen Theater (es war das "Intime Theater" in der Liliengasse) hinter uns gebracht und waren gerade damit beschäftigt, die zweite Spielzeit zu starten. "Glasl vor'm Aug" sollte das Programm heißen, als Abwandlung unserer ersten Programmtitel, die "Brettl vor'm Kopf" und "Blattl vor'm Mund" getauft waren.

Das Ensemble, bestehend aus vier Herren und einer Dame, stand schon fest, die Musikproben hatten schon begonnen, da plötzlich kamen die Herren Merz und Qualtinger mit einer längeren Prosanummer namens die "Affäre Korn-

Louise Martini
"Dachl über'm Kopf" 1960
Foto: Privat

Hans Moser
"Fledermaus" (Frosch) 1962
Foto: Archiv

Kurt Sobotka
Wien 1965
Foto: Privat

Lore Krainer/Gerhard Bronner
"Showfenster" 1978
Foto: Richard Siedek

mandl" daher, welche ein nahezu unüberwindliches Hindernis darstellte: sie enthielt zwei weibliche Rollen.

Wir hatten zwar die vielseitige Louise Martini im Ensemble, die bereit und in der Lage war, alles zu spielen, was sich unsere verschrobenen Kabarettistenhirne ausdachten, aber sie war beim besten Willen nicht imstande, einen Dialog mit sich selbst zu spielen. Also mußte eine zweite Schauspielerin her, und das sofort. Natürlich waren alle brauchbaren Damen zu diesem Zeitpunkt längst irgendwo engagiert, und die paar, die zur Verfügung gestanden wären, die waren entweder zu teuer, oder zu schlecht - oder beides.

Also faßten wir einen gar seltsamen Entschluß: Qualtinger und ich gingen auf die Suche nach einem jungen Mädchen, das wir in einigen Wochen konzentrierter Proben zu einer Schauspielerin umfunktionieren könnten. Und zwar suchten wir nicht im Theater, schon gar nicht in Schauspielschulen, auch nicht in Kaffeehäusern, die von "Kasperln" frequentiert wurden - nein, wir suchten am hellichten Tag auf der Kärntnerstraße.

Wir begutachteten alle jungen Damen, die uns entgegenkamen und fanden bei so ziemlich jeder etwas, das uns nicht paßte. Die eine schien uns zu blasiert, jene zu aufdringlich, diese wäre ganz brauchbar gewesen, hatte aber schlechte Beine, die andere wiederum sah zwar großartig aus, schob aber einen Kinderwagen vor sich her. Kurz bevor wir bereit waren, das Handtuch zu werfen, kam uns eine junge Blondine entgegen, und wir wußten sofort: das ist sie!

"Entschuldigen Sie Fräulein", sprach ich die Blondine an, "hätten Sie vielleicht Lust, mit uns Theater zu spielen?"

Diese eher unerwartete Frage setzte die Blondine überhaupt nicht in Verlegenheit. Sie musterte uns kurz, dann fragte sie:

"Wo?"

"Gleich um die Ecke, in der Liliengasse."

"Um was geht es da?"

"Das werden wir Ihnen alles erklären, wenn sie mitkommen wollen..."

Um es kurz zu machen - sie kam mit. Es stellte sich heraus, daß sie erst siebzehn Jahre alt war, aus Mödling stammte und keine Ahnung vom Theater hatte. Aber sie hatte nichts dagegen, die Schauspielerei zu versuchen. Nachdem wir ihre Mutter davon überzeugt hatten, daß wir keine Mädchenhändler waren, konnten wir mit der ernsthaften Probenarbeit beginnen.

Hans Weigel, der damals ständig dabei war, zeigte sich von dieser Aktion überhaupt nicht begeistert. Er warnte:

"Das kann nicht gut gehen. Was Ihr diesem jungen Mädchen zumutet, ist unmöglich. Man kann nicht in vier Wochen Probenzeit einen so schweren Beruf erlernen."

Und bei manchen Proben sah es aus, als ob er Recht behalten würde. Unsere Novizin nahm Regieanweisungen nur höchst unwillig zur Kenntnis. Von einer Probe zur nächsten vergaß sie, was sie wann, wo und wie zu tun hatte. Dann wiederum blitzte etwas auf, das vielversprechend wirkte, bis es gleich danach durch irgendeine unvorhergesehene Dummheit zunichte gemacht wurde.

Manchmal waren wir der Verzweiflung nahe, und wir begannen, das "Grammel" (wie unsere Entdeckung inzwischen genannt wurde) aus voller Inbrunst zu beschimpfen. Seltsamerweise war es Hans Weigel, der sie vor unserem Zorn in Schutz zu nehmen pflegte:

"Diese Suppe habt Ihr Euch selbst eingebrockt. Das junge Mädel kann ja nichts dafür, daß Ihr so blöd seid, den Schauspielerberuf so zu unterschätzen!"

Die Proben gingen in der Art einer Berg- und Talfahrt weiter, und der Tag der Premiere kam unaufhaltsam näher. Wir wurden immer nervöser - nur ein einziges Ensemblemitglied bewahrte eine unerschütterliche Ruhe: unsere Novizin, die das Chaos der letzten Probentage mit unerschütterlicher Gleichmut zu bewältigen schien.

"Wenn sie wenigstens Lampenfieber hätte", unkte Hans Weigel, "dann könnte man vielleicht noch Hoffnung schöpfen, aber so..." Er zuckte resignierend die Schulter und ging ins Kaffeehaus.

Die Generalprobe war eine Katastrophe. Wir waren alle so nervös, daß nichts - oder fast nichts - klappte. Am liebsten hätten wir das ganze Unternehmen abgesagt - aber dazu war es zu spät. Es war nicht nur die Premiere ausverkauft, sondern auch alle Vorstellungen der ersten zwei Wochen.

Also spielten wir die Premiere von "Glasl vor'm Aug". Das erste Drittel ging überraschend gut über die Bühne, das Publikum ging mit, Qualtinger (der Publikumsliebling) war in Hochform - und dann kam der Prüfstein: "Die Affäre Kornmandl". Rosemarie Thon - so hieß unsere Entdeckung aus Mödling - hatte darin ein junges Mädchen zu spielen, das eben vergewaltigt worden war, und darüber stockend einigen höhnischen Gendarmen zu berichten versuchte. Es war die Szene, an der wir am längsten und intensivsten gearbeitet hatten, und die über Erfolg oder Mißerfolg der "Affäre Kornmandl" zu entscheiden vermochte.

Ich stand mit Hans Weigel in der Kulisse und wir verfolgten ebenso gespannt, wie hilflos das Geschehen auf der Bühne. Rosemarie Thon begann stockend - wie geprobt - mit ihrem Monolog. Dann stockte sie immer mehr. Die hämischen Zwischenbemerkungen der beiden Gendarmen erzielten die gewünschten Lacher im Zuschauerraum. Unsere Novizin wartete, wie ein alter Profi, die Lacher ab und dann legte sie los. Plötzlich spielte sie die Szene so, wie wir sie bei keiner einzigen Probe gesehen hatten. Alles, was wir uns an Wirkung erwartet hatten, war da - und mehr noch. Das junge Mädchen - zum ersten Mal in seinem Leben vor Publikum - begeisterte nicht nur das Ensemble, sondern die gesamte Zuschauerschar.

"Was sagst Du dazu", raunte ich in Hans Weigels Ohr, "wie großartig das Mädel ist?"

Weigel schwieg eine Weile. Dann sprach er jene Worte, die für alle Zeiten meine Einstellung zum Beruf des Schauspielers ändern sollten:

"Die wird sich noch wundern, wenn sie eines Tages draufkommt, wie schwer das ist, was sie da macht!"

Wie man Filmproduzent wird

Von allen mir bekannten Möglichkeiten, Kunst zu gestalten, ist Film wohl die teuerste und gleichzeitig die unberechenbarste. Wir kennen Beispiele, wo ein wirklich guter Filmstoff vorhanden ist, ein erstklassiger Regisseur verpflichtet wird, etliche Weltstars für die Hauptrollen besetzt werden - und das Ergebnis ist mittelmäßig oder katastrophal.

Woran das liegt? Wenn man das wüßte, gäbe es vermutlich nur gute Filme.

Oft liegt es an der Zusammensetzung der vielen Mitwirkenden, die aus irgendwelchen Gründen nicht miteinander harmonieren, manchmal liegt es daran, daß der Regisseur etwas anderes verfilmen will, als das ihm anvertraute Drehbuch, in den meisten Fällen aber ist die Ursache die, daß die Produzenten kein Risiko eingehen wollen und daher aus "kommerziellen Erwägungen" den Künstlern dreinreden.

Womit nicht gesagt sein soll, daß man Künstlern prinzipiell nicht dreinreden darf. Im Gegenteil, es ist wichtig, daß Traumtänzer (jeder kreative Mensch hat etwas von einem Traumtänzer in sich, und ich weiß aus Erfahrung, wovon ich rede) von Zeit zu Zeit auf den Boden der harten Tatsachen zurückgeholt werden müssen.

Die Frage ist nur, *wer* das tut.

Es gab und gibt unter den Filmproduzenten künstlerisch denkende Visionäre und es gibt Helfershelfer von üblen Geschäftemachern.

Ein flüchtiger Blick in die Kinoprogramme sagt uns in Sekundenschnelle, welche der beiden Gattungen die Mehrzahl bildet.

Allerdings kenne ich noch eine dritte Spezies von Filmproduzenten, die verdient, näher beschrieben zu werden.

*

In den frühen Fünfzigerjahren war Wien bekanntlich in vier Besatzungszonen aufgeteilt, und so kam es, daß das größte Wiener Filmatelier, nämlich das auf dem Rosenhügel, in die russische Zone fiel.

Zunächst wußten die Russen nicht, was sie mit diesem Millionenobjekt anfangen sollten, dann aber kam irgendein findiger Kopf darauf, daß hier den proletarischen Kräften ein gewaltiges "Produktionsmittel" in den Schoß gefallen war, das man zum Wohl der sowjetischen Werktätigen amortisieren sollte.

Also begannen die Russen in Wien Filme zu produzieren, was eigentlich für alle Beteiligten ein Himmelfahrtskommando war.

Es gab für jedes "Vorhaben" zwei Produktionsstäbe, einen russischen und einen österreichischen, denn es handelte sich ja schließlich um Co-Produktionen. Natürlich konnten die Russen nicht Deutsch und vice versa. Man konnte sich demnach nur über eine jugoslawische Dolmetscherin verständigen, die keine der beiden Sprachen wirklich beherrschte.

Jedes Drehbuch mußte ins Russische übersetzt werden, ehe es vom Chef des sowjetischen Produktionsstabes - natürlich kein Filmfachmann, sondern ein General - akzeptiert werden konnte.

Sein ständiger Einwand gegen eine intelligente Wendung im Drehbuch lautete:

"Das werden die Zuschauer in Novo-Sibirsk nicht verstehen!"

Also mußte umgeschrieben werden. Noch einmal und noch einmal - und dann noch einmal. Solange, bis der Autor sein eigenes Buch nicht mehr verstehen konnte.

Jeder Drehtag begann damit, daß sich die Angehörigen der beiden Produktionsstäbe zu einer "Lagebesprechung" mitten im Atelier einfanden. Sie standen allen, die eigentlich den Film zu machen hätten, im Weg und diskutierten - via Dolmetscherin - bis sie sich auf irgendeinen Schwachsinn geeinigt hatten. Dann erst konnte mit den Dreharbeiten begonnen werden.

Dementsprechend wurde an einem Film, den erwachsene Profis bequem in drei bis vier Wochen abgedreht hätten, oft ein halbes Jahr lang gearbeitet. Was dabei herauskam, befriedigte - außer den sowjetischen General - keinen Menschen, am allerwenigsten das Publikum, aber darauf konnte keine Rücksicht genommen werden.

Wichtig war, daß der Film den Zuschauern in Novo-Sibirsk gefiel...und die wurden nicht gefragt.

*

Nun begab es sich, daß für irgendeinen Film eine Ballettgruppe gesucht wurde. Es wurden etliche Tänzerinnen aus allen möglichen Winkeln hervorgeholt, darunter eine gewisse Pippa, die einen Freund namens Heinzi Mikosch hatte. Dieser war ein wohlbeleibter Schlurf, dessen wesentlichster Anziehungspunkt für die tanzende Pippa war, daß er ein eigenes, neues Auto besaß. Das war damals keine Selbstverständlichkeit, ein Auto war in der Nachkriegszeit weit mehr als ein schlichtes Verkehrsmittel, sogar mehr als ein Statussymbol. Ein Auto besagte, daß sein Besitzer nicht nur viel Geld, sondern vor allem auch sehr gute Beziehungen haben mußte - entweder zu den Besatzungsmächten, oder zum Schwarzmarkt - denn man war noch lange nicht so weit, daß man in ein beliebiges Autohaus gehen konnte, um sich einen neuen Wagen zu kaufen. Es gab monatelange Wartezeiten, schwer zu umgehende Devisenbestimmungen, Einfuhrbeschränkungen und sonst noch allerhand.

Wie dem auch sei, Heinzi Mikosch besaß ein neues Auto. Und nachdem er anscheinend nichts Wichtiges zu tun hatte, brachte er Pippa täglich ins Studio und leistete ihr in den langen Stehzeiten, während der Produktionsstab endlos diskutierte, Gesellschaft. Zwischendurch sah er den Diskutierern von ferne zu und wunderte sich. Er merkte, daß jedes Mitglied der Diskussionsrunde ein dickes Drehbuch unterm Arm hielt, das je nach Status des Eigentümers in einem Papp- oder Lederumschlag steckte.

Nach einigen Tagen hatte er die Idee seines Lebens. Er kaufte sich einen aufwendigen Ledereinband, steckte sein Telephonbuch hinein und gesellte sich zur Diskussionsrunde. Die russischen Teilnehmer der Runde hielten ihn mit Recht für einen Österreicher, die Österreicher hatten keine Ahnung, um wen es sich da handelte, also hielten sie ihn für einen Russen, vielleicht sogar für einen Agenten, also wagte niemand, ihn nach seiner Identität zu fragen.

Nach einigen Tagen des stummen Danebenstehens und Zuhörens fand in irgendeiner Streitfrage, die niemand zu entscheiden wagte, eine Abstimmung statt und Heinzi Mikosch - um seine Meinung befragt - stimmte natürlich mit dem General, was dieser höchst befriedigt zur Kenntnis nahm.

Man gewöhnte sich langsam an ihn. Es kam immer öfter vor, daß man ihn um seinen Rat fragte, und obwohl er keine Ahnung hatte, worum es ging, wußte er immer irgend etwas von sich zu geben, was den übrigen Dilettanten sehr imponierte.

Mittags in der Kantine saß er natürlich mit am Direktorentisch und sprach über künftige Projekte. Man hörte ihm aufmerksam zu und die Dolmetscherin hatte viel zu übersetzen.

Pippa, die Tänzerin war schon längst mit ihren Dreharbeiten fertig, doch Heinzi Mikosch kam immer noch jeden Morgen pünktlich ins Atelier, wurde inzwischen schon vom Portier ehrerbietig begrüßt, hatte in seinem Ledereinband längst ein wirkliches Drehbuch (das er übrigens nie gelesen hatte) und entwickelte sich zum unentbehrlichen Mitarbeiter. Zwar wußte immer noch niemand, welche Funktion er wirklich innehatte, aber es war bereits viel zu spät, ihn danach zu fragen.

Irgendwann während der Dreharbeiten bekam der Produktionsleiter des Films ein besseres Angebot aus Deutschland, welches er natürlich sofort annahm. Zu seinem Nachfolger wurde Heinzi Mikosch bestimmt, was zweierlei zur Folge hatte: erstens bekam er zum ersten Mal in seinem Leben ein regelmäßiges Gehalt und zweitens begann er im Studio rigoros zu schalten und zu walten, was dem russischen General, der einen Narren an ihm gefressen hatte, besonders zusagte. Denn hier war zum ersten Mal ein Mensch, der bereit war, für irgend etwas die Verantwortung zu übernehmen.

Natürlich wußte Mikosch kaum jemals, was er tat, und warum, doch das fiel außer einigen Profis niemandem auf; und Profis werden bekanntlich beim Film immer erst gefragt, wenn es zu spät ist - wenn überhaupt.

Der Film wurde irgendwie fertiggedreht und Heinzi Mikosch wurde sofort mit dem nächsten Vorhaben betraut.

Und dann mit dem nächsten.

*

Seine Karriere erinnerte mich irgendwie an den alten Witz von jenem kleinen, rothaarigen Menschen, der eines Tages eine Tabaktrafik betrat, ohne ein Wort zu sagen, zum Zigarrenzünder ging, sich eine mitgebrachte Zigarre anzündete und gleich danach grußlos davonging.

Am nächsten Tag kam er wieder, ebenso am übernächsten Tag sowie an sämtlichen Tagen, die kommen sollten.

Nach etwa zwei Jahren wurde es dem Trafikanten zu dumm und er schnaubte den Mann an:

"Sagen Sie einmal, wer sind Sie eigentlich?"

Dieser erwiderte ganz beleidigt:

"Was, Sie kennen mich nicht? Ich bin doch der kleine rothaarige Mensch, der seit zwei Jahren jeden Tag kommt, um sich eine Zigarre anzuzünden..."

*

Doch zurück zu Heinzi Mikosch. Er war längst zum eisernen Bestandteil der Wiener Filmbranche geworden und seine Wohlbeleibtheit war inzwischen zur herzverfettenden Korpulenz gediehen. Was ihn allerdings nicht hinderte, stets einen Rattenschwanz von erstaunlich hübschen Starlets mit sich herumzuschleppen. Vermutlich als Statussymbol.

Irgendwann tauchte er bei mir auf, um mich zu einem Drehbuch zu inspirieren.

"Sie sind doch so ein Spezialist für Halbstarke", begann er.

"Was bin ich?"

"Na, Sie haben doch immerhin den 'G'schupften Ferdl' geschrieben. Wie wär's, wenn wir aus diesem Stoff einen Film machen würden."

"Wie stellen Sie sich das vor?"

"Das kann doch nicht so schwer sein", erklärte er mir überlegen, "Der Ferdl spannt einem andern Halbstarken sein Mädel aus, kommt in eine furchtbare Rauferei, wird von der Polizei gesucht, versteckt sich irgendwo, dann rettet ihn das Mädel - und Happy End!"

"Das genügt doch nicht für eine Filmhandlung."

"Das soll auch nur ein Denkanstoß sein. Irgend etwas wird Ihnen auch noch einfallen müssen. Aber nicht zuviel, denken Sie immer daran: auch die Kinobesucher von Klein-Zipfelsdorf müssen den Film verstehen können."

"So wie die von Novo-Sibirsk?" fragte ich.

Er sah mich einen Moment lang mißtrauisch an, dann fragte er:

"Wie kommen Sie auf Novo-Sibirsk?"

"Nur so." Ich lächelte ihm freundlich zu.

Er lächelte nicht. Er stand vielmehr auf, sammelte seine Starlets ein und ging grußlos davon.

*

Mikosch war noch einige Jahre lang als Filmproduzent tätig. Es gab Leute in dieser Branche, die ihn durchaus ernst nahmen.

Und das ist wohl das Vernichtendste, was zum Thema "Film in Österreich" zu sagen ist.

Mit dem Wachstum des Fernsehens starb der Österreichische Film. Kurz danach starb auch der Heinzi Mikosch.

Würde er noch leben, wäre er mindestens Abteilungsleiter beim Fernsehen.

Wenn nicht sogar Intendant.

Muzarelli, der Große

Ehe ich auf den Helden dieses Kapitels näher eingehe, muß ich das Lokal schildern, in dem ich ihn zum ersten Mal aus der Nähe sehen durfte.

Es handelt sich um die "Linde", ein gutbürgerliches Eßlokal, das viele Jahre hindurch in der Rotenturmstraße zu finden war. Auf den ersten Blick war es ein besseres Beisel, wie viele andere auch. Aber beim näheren Hinsehen stellte sich heraus, daß diese "Linde" nach Theaterschluß ein gerüttelt Maß an hungrigen Künstlern abzufüttern pflegte, darunter den oben erwähnten...

Doch nein, ich bin noch nicht so weit. Um den Schauplatz der Handlung besser charakterisieren zu können, muß ich noch die Seele des Hauses, nämlich den Oberkellner Lehner beschreiben.

Er war nicht nur Seele, nein, er war auch Autorität - und zwar unumstrittene Autorität. Er bediente abends nur im "inner sanctum", wo die Künstler zu verkehren pflegten. Selbstverständlich wurde er niemals mit einem profanen "Herr Ober" tituliert - und wenn, dann nur von der ahnungslosen Laufkundschaft. Wer in der "Linde" dazugehören wollte, hatte ihn achtungsvoll mit "Herr Lehner" anzusprechen.

Widrigenfalls pflegte er den Gast etwa folgendermaßen zurechtzuweisen:

"Liaber Herr, a Ober is bald wer - i bin der Herr Lehner!"

Er konnte sich seiner Kundschaft gegenüber praktisch alles erlauben, der Herr Lehner, und er machte von diesem Privileg hemmungslos Gebrauch. Man nahm es ihm niemals übel, denn er verstand es, seinen eventuellen Mißmut in Pointen zu formulieren.

Zum Beispiel: ein Stammgast hatte etwas an seiner Suppe auszusetzen und teilte dies Herrn Lehner mit:

"Also wirklich, Herr Lehner, diese Suppe ist ungenießbar!"

“Das versteh’ i net, Herr Professor”, (Herr Lehner zog es vor, seine Stammgäste mit Titeln anzureden, denn einen falschen Titel verzeiht man viel eher, als einen falschen Namen) “von der Suppen hab’ i heut schau’ mindestens fünfzig Portionen serviert, aber Sie sind der erste, der sich beschwert.”

Der Beschwerdeführer hielt dem Herrn Lehner - statt vieler Worte - den Suppenteller hin und sagte:

“Dann bitte, kosten Sie einmal diese Suppe!”

“Waaas soll i machen?”

“Sie sollen diese Suppe kosten!”

Herr Lehner kostete nicht. Er sagte vielmehr:

“Alsdann des versteh’ i net: wann an Gast was schmeckt, hat er mi’ noch nie kosten lassen. I krieg nur dann was, wann’s scheußlich schmeckt.”

Unvergessen ist die Geschichte von jener “Laufkundschaft”, die eines Tages in die “Linde” stürzte und Herrn Lehner zurief:

“Herr Ober”, (der Mann war - wie gesagt - Laufkundschaft) “bringen S’ mir schnell ein großes Bier, ich hab einen Riesendurst!”

Eine knappe Viertelstunde später rief der Gast: “Ober, zahlen!”

Herr Lehner kam mit Rechnungsblock und gezücktem Bleistift an den Tisch und fragte routinemäßig:

“Was haben der Herr gehabt, bitte sehr?

“Ein großes Bier.”

Herr Lehner fragte mit strafenden Blick auf den leeren Brotkorb:

“Und sonst nix?”

“Ah ja - und fünf Semmeln.”

“...und fünf Semmeln”, wiederholte Herr Lehner, während er die Rechnung schrieb. Dann reichte er sie dem Gast mit den bedeutenden Worten:

“Und wenn S’ wieder einmal so an großen Durst haben, lieber Herr, dann gehn S’ zum Bäcker.”

Überflüssig zu vermerken, daß sich dieser “Gast” nie wieder sehen ließ.

*

Aus dem bisher Dargelegten läßt sich unschwer herauslesen, daß man dem Herrn Lehner mit einer durchaus fundierten Hochachtung zu begegnen hatte, wenn man in der “Linde” akzeptiert werden wollte.

Wer also beschreibt mein Erstaunen (wenn nicht ich), als ich eines Abends vom Nebentisch her eine donnernde Stimme vernahm, die mit dem Herrn Lehner folgendermaßen ins Gericht ging:

"Jetzt merk dir endlich, du alter Trottel, i bin ka Kammersänger, i bin der Muzarelli!"

Muzarelli! Eine Flut von Kindheitserinnerungen brach in mir los. Das war doch der legendäre Kleinstdarsteller der Wiener Staatsoper, der damals, als ich zum ersten Mal "Die verkaufte Braut" sehen durfte, den böhmischen Indianer namens Muff verkörperte. Und den "Stummen" in Mozarts "Entführung". Und den Haushofmeister in der "Ariadne". Und den Advokaten im "Rosenkavalier". Und...und...und...

Ich wandte mich um und erblickte das, was man üblicherweise einen "würdigen Greis" nennen würde, hätte man nicht soeben die oberwähnte Schimpfkanonade vernommen - noch dazu an einen ebenso ehrwürdigen Greis, wie den Herrn Lehner adressiert.

Es dauerte nicht lange, und ich kam mit dem großen Muzarelli ins Gespräch. Er hatte natürlich keine Ahnung, wer ich war und was ich tat. Er lebte in seiner eigenen, höchst versponnenen, kleinen Welt. Eine Welt, in der für Kabarettisten oder Satiriker kein Platz, nicht einmal am entferntesten Katzentisch, vorgesehen war.

Ich hatte auch nicht im mindesten vor, ihn mit meinen Aktivitäten zu beeindrucken. Nein, ich wollte nur zuhören, wenn er Erinnerungen aus der Mottenkiste seiner Vergangenheit hervorkramte.

Denn er war ein Großmeister der unfreiwilligen Pointe:

"Waaßt, i hab' mi nie d'rum g'rissen, daß i a Star werd', verstehst? Was hast scho' davon? Nix wie Strapaz. Nimm den Piccaver, den bladen Teppen: die Leut' kommen alle nur wegen eahm in die Oper und wann er dann net guat singt, weil eahm sei Alte net drüberg'lassen hat, oder weil er vom letzten Gollasch Sodbrennen hat, dann pfeifen s' eahm aus. Des hat er dann davon, daß er a Star is', der Trottel. - Also mi' ham s' mei' ganzes Leben lang net aus'pfiffen!"

Oder: Muzarelli, der nie verheiratet war, stand im Ruf, immer nur mit älteren Damen amouröse Beziehungen gehabt zu haben - sogar in seiner frühesten Jugend. Eines Tages, als ein jüngerer Kollege darunter litt, daß ihm seine Gesponsin davongelaufen war, tröstete ihn Muzarelli mit der interessanten Feststellung:

"Mach dir nix draus, Freunderl - a andere Tochter hat auch a schöne Mutter!"

Mit der Zeit ließ es sich nicht vermeiden, daß ich ihm von meinem Beruf erzählte. Mein damaliges Theater war zwar nur einige Schritte von der Wiener Staatsoper entfernt, aber er hatte noch nie davon Kenntnis genommen. Aus irgendwelchen unerklärbaren Gründen wurde er neugierig, was sich dort abspielte. Ich bot ihm eine Freikarte an.

"Freikarten nimm i net", sagt er dezidiert. "Wann's ma net g'fallt, möcht i mitten drin rausgehn und schimpfen dürfen. Mit aner Freikarten muaß ma bis zum Schluß sitzen bleiben und applaudieren. Des liegt ma net."

Ich versicherte ihm, daß das nicht nötig wäre, aber er blieb unbeirrbar:

"Nix! Du kummst dann vielleicht auf die Idee, daß i Dir auch Freikarten für die Oper schenk' - und des kann i net. Freikarten krieg'n immer nur die Großkopferten, die's am wenigsten brauchen..."

Muzarelli kaufte sich also eine Karte und sah sich eine Vorstellung im "Neuen Theater am Kärntnertor" an. (Wenn ich mich recht erinnere, war es "Hackl vor'm Kreuz".)

Anschließend trafen wir uns in der "Linde".

"Alsdann, i muaß sagen: Reschpekt! Ihr wart's wirklich komisch. I hab mir a paarmal echt das Lachen verbeißen müssen."

Warum er es für nötig erachtete, sich in einem Cabaret das Lachen zu verbeißen, das sollte mit erst später klar werden.

"Also waaßt," begann er nachdenklich, i bin ja eigentlich von an ganz ander'n Fach. I bin a g'lernter Bassist. Da in Wien waaß des ka Mensch, weil da lassen s' mi' ja net singen. Aber i hab amal in Barcelona den König Marke g'sungen...also i kann Dir sagen, die Leut' ham g'waant...Rotz und Wasser. Sooo an Buschen Rosen hab' i kriegt...aber bei uns in der Oper verstehn s' ja nix...da geben s' mir immer nur die Baam zum spielen...is aa wurscht...nur amal, das war in die Dreißigerjahr, da ham s' den Quargel von dem Lehar g'spielt...wie hat des nur g'haaßen...Giovanna...oder Cimarosa...

"Giuditta", half ich seiner Erinnerung nach.

"Stimmt, so ähnlich hat's g'haaßen...jedenfalls, da war im dritten Akt so a blöde Komikerpartie, und der Kerl is krank worden. Da ham s' ausgerechnet mir die Roll'n ang'hängt. Also i hab mei Lebtag kane Komiker g'spielt...an Marke ja, oder an eleganten Haushofmeister, bitte, sowas liegt ma...aber was willst machen? Wann ma amal in so an Ensemble is', muaß ma halt all's machen. Also i lern den Text...viel war's eh net...und geh in die Vorstellung. Der Garderober verpaßt ma so a tepperte Uniform...i muaß ausg'schaut ham, wie a Aff...aber wurscht ...i geh auf die Bühne und sag mein Text...dann sagt der andere was ...dann sag i wieder was...auf amal hör i die Leut lachen! I schau runter...Hosentürl is a zua - hörst, i war *wirklich* komisch!"

Zum ersten Mal in meinem Leben war ich mit einer Bühnenwelt konfrontiert, in der ein Lachen nur vermittels eines offenen Hosentürls legitim und üblich war...

Irgendwann fragte ich Muzarelli, ob er mit den ihm gestellten Aufgaben eigentlich eine künstlerische Befriedigung erreicht hätte.

Er dachte eine Weile nach, dann sagte er:

"Lieber Freund - man kann alles im Leben guat oder schlecht machen. Des was i mach, des mach i guat!"

Alfred Muzarelli, ein erfülltes Künstlerleben. Er ist nie Kammersänger geworden, und - Herr Lehner ist mein Zeuge - er war sogar stolz darauf...

Der Durchfall

Wenn man am Theater von einem Durchfall spricht, so hat dies nicht im mindesten mit schlechter Verdauung zu tun. (Dafür gibt es am Theater natürlich auch einige Bezeichnungen - aber die gehören in ein Kapitel, das jemand anderer schreiben sollte.)

Das, worum es mir hier geht, könnte man statt "Durchfall" auch schlicht und unfachmännisch "Mißerfolg" nennen, aber dieses Wort wird unter Theaterleuten kaum jemals gebraucht - zumindest nicht im Zusammenhang mit ihrem Beruf.

Wie so ein Durchfall zustandekommt, das weiß man - wenn überhaupt - immer erst nachher. Also wenn es zu spät ist, etwas dagegen zu tun. Gäbe es nämlich ein Patentrezept, Durchfälle zu vermeiden, dann würden diese niemals stattfinden, und ich könnte mir das Schreiben dieses Kapitels ersparen.

Es hat sich auch noch niemals eindeutig feststellen lassen, wer für einen Durchfall verantwortlich ist. Die Schauspieler geben meistens dem Regisseur die Schuld, der Regisseur dem Direktor, dieser den Kritikern - und alle miteinander dem Autor.

Jeder einzelne Durchfall hat seine eigene Geschichte, die jedoch von jedem Beteiligten anders erzählt wird. Dadurch dürfte es unmöglich bleiben, der wahren Ursache eines Durchfalls jemals auf die Spur zu kommen. Das einzige, das sämtliche Durchfälle gemeinsam haben, ist, daß es nach der Premiere (die üblicherweise vor "ausverschenktem Haus" stattfindet) kaum möglich ist, zahlendes Publikum in die Vorstellung zu locken.

Die meisten etablierten Häuser flüchteten daher schon vor Jahren in das sogenannte Abonnementsystem. Dieses garantiert sogar in den ärgsten Katastrophenfällen ein gewisses Mindestmaß an Zuschauern. Zumindest bei Beginn der Vorstellung. Wieviele dieser armen Teufel noch beim Schlußvorhang im Theater vorzufinden sind, das hängt teils davon ab, wie fest sie schlafen, zum anderen Teil aber können sie nicht frühzeitig weggehen, da sie auf den Autobus angewiesen sind, der sie in jenes Provinznest zurückbringen muß, aus dem man sie dereinst mit einem "günstigen" Theaterabonnement hervorgelockt hat.

Wir wollen uns daher mit jenen Theatern befassen, die keine Abonnenten haben. Die tatsächlich nur für jene Zuschauer spielen, die bereit sind, sich für das, was sie sehen wollen, an der Kasse eine Eintrittskarte zu lösen.

Hier gibt es nämlich auch graduelle Unterschiede: der Direktor eines Boulevardtheaters zum Beispiel (also eines Unternehmens, das aus Prinzip jeder guten Literatur in großem Bogen aus dem Weg geht), der weiß nach einer Premiere nicht unbedingt, ob seine neue Produktion beim Publikum ankommen wird oder nicht. Denn die sogenannten "Premierentiger" sind kein normales Publikum. Sie sind zu blasiert, zu wenig bereit, sich auf das einzustellen, was auf der Bühne geboten wird, besonders dann, wenn es sich um Unterhaltung handelt. Das Premierenpublikum besteht hauptsächlich aus Leuten, die nicht ins Theater gehen, um etwas zu sehen, sondern um gesehen zu werden; um bei jeder Premiere von Neuem unter Beweis zu stellen, daß man wichtig genug ist, um auf der Einladungsliste zu stehen, so daß auch der Einfältigste sehen kann, daß man eben "dazugehört".

Zwar sitzen in so einer Premiere auch einige wenige Leute, die guten Willens sind, etwa die Freunde und Angehörigen der Schauspieler, oder - wenn er noch lebt - der Autor, aber das bißchen gute Stimmung, das diese Minorität erzeugen kann, wird spielend leicht durch die ebenso eingeladenen Kritiker aufgewogen.

Als Illustration: der erste Kritiker einer (damals) führenden Wiener Tageszeitung wurde eines Tages von seinem Assistenten gefragt, ob er sich die neue Cabaretpremiere im Kärntnertortheater ansehen wolle. Da antwortete dieser (wir wollen ihn Schestak nennen, obwohl er in Wirklichkeit Paul Blaha hieß):

"Nein, mir ist's lieber, wenn Sie zu der Cabaretpremiere gehen. Wissen S', ich tu mir so schwer mit'n Lachen..."

Aber zurück zum Boulevardtheater: in den Wiener Kammerspielen wurde vor Jahren ein Schwank von Fritz Eckhardt geboten. Wie zu erwarten, keine Literatur, dafür aber tadellose, gekonnte Unterhaltung. Nach der Premiere kam der Protagonist des Abends, Ernst Waldbrunn, zu mir in die "Fledermaus". Ich fragte ihn, wie es gewesen war.

Waldbrunn zerknautschte sein Gesicht noch mehr, als üblich. Dann sagte er:

"Frag' nicht!"

"Jetzt hab' ich schon gefragt", erwiderte ich ungeduldig.

"Die Leut' sind drinnen gesessen, wie taubstumme Bulgaren", sagte er nachdenklich. "Und dabei haben wir uns bei den Proben glänzend unterhalten...nur heut' am Abend war es so, als hätten wir ein anderes Stück gespielt. Wenn ich sagen tät', es war ein Fiasko, dann wär' das geschmeichelt."

"Was hat der Eckhardt dazu gesagt?" wollte ich wissen.

"Bevor er was gesagt hat, hab ich ihn getröstet."

"Wie?"

"Ich hab' ihm gesagt: mach Dir nix draus Fritzl, Dein Stück ist nicht schlecht, aber es eignet sich leider nicht für eine Premiere."

Und er sollte recht behalten, der Ernst Waldbrunn: der Schwank "Minister gesucht" von Fritz Eckhardt wurde trotz elender Premierenstimmung und trotz schlechter Kritiken an die 200 Mal vor vollem Haus gespielt.

Womit unter Beweis gestellt wurde, daß ein Durchfall nicht unbedingt bei der Premiere als solcher zu erkennen sein muß.

Und nachdem jeder Theatermensch einige Geschichten wie diese kennt, vielleicht sogar selbst erlebt hat, ist man meist nicht bereit, einen Durchfall "prima vista" als solchen zu akzeptieren. Man glaubt, mit einigen Strichen und Umstellungen die Vorstellung retten zu können. Wenn das nicht hilft, kommen die aufmunternden Worte des Regisseurs:

"Also Kinder, laßt Euch von den Kritiken nicht beirren. Meine Frau, die immer schon meine härteste Kritikerin war, hat mit nachher gesagt, daß sie schon lange nicht mehr so einen dichten Theaterabend erlebt hat!"

Trotz der erwähnten "Dichte" bleiben die Sitzreihen aber nach wie vor höchst schütter besetzt, und zwar einerseits von einigen Unentwegten, die an diesem Abend unbedingt ins Theater gehen wollten (und zu interessanteren Vorstellungen keine Karten mehr bekamen), andererseits von "Freikartlern".

So lange man solche auftreiben kann, ist ein Durchfall noch einigermaßen erträglich. Wirklich bitter wird es erst dann, wenn man nicht einmal mehr Freikarten anbringt; wenn die Schauspieler sowie sämtliche Bühnenarbeiter und Billeteure von der Direktion aufgefordert wurden, ihren Freundes- und Verwandtenkreis mit ins Theater zu bringen - und keiner will kommen.

Wenn ein Durchfall einmal dieses Stadium erreicht hat, dann spricht man in Wiener Fachkreisen nicht mehr von einem Durchfall, sondern von einer "Bladern", in besonders drastischen Fällen sogar von einer "Kardinalbladern".

Da helfen auch keine aufmunternden Worte mehr. An einer Kardinalbladern ist nicht zu rütteln, und wenn einer trotzdem rüttelt, dann können ihm unangenehme Dinge auf den Kopf fallen.

"Also mein Schwager war gestern in der Vorstellung und ihm hat's eigentlich sehr gut gefallen", versucht einer der Darsteller seinen Kollegen Mut zu machen. Doch es nutzt nix:

"Ich hab ja immer schon gewußt", sagt einer der angesprochenen Kollegen, "daß Dein Schwager ein Trottel ist."

Wie auch immer die Leute auf der Bühne mit einem Durchfall fertig werden, ist ihre Sache. Sie bekommen schließlich auch dafür bezahlt und sind daher nur bedingt bedauernswert.

Wer aber singt das Hohelied des anonymen, unbescholtenen Theaterbesuchers, der eben völlig sinnlos und überflüssigerweise einen freien Abend vergeudet hat, um nichtsahnend einer Kardinalbladern beizuwohnen? Und der nicht einmal die Vorstellung vorzeitig verlassen kann, weil er Freikarten bekommen hat und niemanden beleidigen will?

Die klassische diesbezügliche Geschichte spielt während der Zwanzigerjahre in Berlin.

Fritz Grünbaum arbeitete gemeinsam mit Paul Morgan an irgendeinem längst vergessenen Film. Eines Tages wurden die beiden von der Direktion eines ebenso vergessenen Theaters eingeladen, sich die neue Produktion anzusehen. Natürlich "auf" Freikarten. Es war furchtbar. Nach einer halben Stunde, die länger wirkte, als die "Götterdämmerung", sagte Grünbaum leise zu Morgan:

"Du, das ist nicht auszuhalten, geh'n wir!"

"Das können wir nicht machen", erklärte Morgan, "wir haben doch Freikarten, das wäre unhöflich."

Nach einer weiteren Viertelstunde, in der man bequem den dritten Akt des "Parsival" hätte spielen können, ließ sich Grünbaum wieder vernehmen:

“Also ich weiß nicht, was Du machst, aber ich geh’ jetzt!”

“Hast denn Du überhaupt kein Benehmen?”, pfauchte ihn Morgan an, “wenn man Freikarten annimmt, dann hat man die verdammte Pflicht und Schuldigkeit, bis zum bitteren Ende durchzuhalten. Das gebietet der Anstand!”

“Wenn dem so ist”, mit diesen Worten erhob sich Fritz Grünbaum, “dann geh’n wir zur Kasse, kaufen uns zwei Eintrittskarten und dann nix wie nach Haus’.”

Bei einer gründlichen Betrachtung des Phänomens der “Bladern” wäre noch ein sehr wesentlicher Aspekt erwähnenswert und zwar:

Wie reagiert der bedauernswerte Freund eines Mitwirkenden nach einem Durchfall? Leider gibt es keinen, wie immer gearteten Theater-Knigge, der für einen derartigen Fall brauchbare Verhaltensmaßregeln vorsieht. Man ist daher auf den eigenen Instinkt angewiesen, und das ist bitter.

Natürlich kann man so tun, als wäre nichts weiter geschehen. Man schüttelt einfach die Hand, gratuliert kurz und sucht schnell das Weite. Das allerdings ist nur dann sinnvoll, wenn man mit dem Leidtragenden nur oberflächlich befreundet ist, und sicher sein kann, daß man ihm nicht tags darauf - nachdem die Zeitungskritiken erschienen sind - ins verweinte Auge sehen muß.

Sonst müssen schon einige subtilere Varianten in Betracht gezogen werden, zum Beispiel:

Man schüttelt dem erschöpften Mimen lächelnd die Hand und sagt:

“Also ich weiß nicht, was die Leut’ wollen - mir hat’s eigentlich ganz gut gefallen.”

Oder: “Ich bewundere Dich. Wie Du Dir diesen spröden Text merken konntest - eine Gedächtnisleistung erster Klasse!”

Oder man wendet sich an das ganze Ensemble und verkündet:

“Kinder...was immer auch morgen in den Zeitungen stehen wird, Ihr habt Euer Bestes gegeben - mehr war in dem Stück nicht drin’...”

Ich glaube aber, daß der bedeutendste in diesem Fall erfolgte Ausspruch wert ist, detailliert - mit der ganzen Vorgeschichte - zu Papier gebracht zu werden.

Es war im Wien der späten Vierzigerjahre, als mein Freund Peter Wehle in der Revuebühne “Casanova” als Hauskomponist und Co-Autor fungierte. (Der andere Co-Autor hieß übrigens Gunther Philipp.) Die Aufgabe der Autoren war es, irgendwelche fadenscheinige Vorwände zu erfinden, die einigen jungen Damen, sogenannten “Beauties”, ermöglichen sollten, einigermaßen sinnlich und rhythmisch über die Bühne zu stelzen. Dazwischen trieben einige Komiker ihr Unwesen (einer von ihnen war der besagte Gunther Philipp) und irgendein, zurecht verschollener, Krawattelkastrat sang - während die Kellner servierten - lyrische Schmachtfetzen von Peter Wehle, wie zum Beispiel "Herz ist die kommende Mode..."

Das ging einige Programme lang ganz gut. Aber dann mußte eines Tages plötzlich eine neue Revue aus dem Boden gestampft werden, und die beiden Autoren hatten weder Zeit, noch Lust dazu.

Aber Vertrag ist Vertrag! Der Direktor des Hauses, ein gewisser Puschnigg, der sich Poucheé nannte, bestand auf seinem Pfund Fleisch und das nicht nur auf der Bühne - wo übrigens ein Pfund nicht annähernd genügt hätte.

Also setzten sich die Herren Autoren auf ihr Sitzfleisch und verfaßten flugs eine "neue" Revue unter dem originellen Titel "Herz ist Trumpf".

Sämtliche Klischees, die sich irgendeinmal bewährt hatten, wurden hervorgekramt. Was an alten Witzen noch verfügbar war, wurde in den hauchdünnen Handlungsfaden hineingepfercht, die "Beauties" des Hauses wurden abwechselnd mit Sonnenschirmen, oder mit Kuhglocken, oder mit Papierblumen bekleidet - und nach zweiwöchiger Probenzeit fand die Premiere statt.

Das Stammpublikum der Revuebühne "Casanova" - von des Gedankens Blässe durchaus nicht angekränkelt - hatte sicherlich keine Literatur erwartet, und wäre sie ihm geboten worden, hätte es sicherlich höchst verstört reagiert. Aber was an diesem Abend aufgeführt wurde, das unterbot alle Erwartungen. Bei einigen der "Pointen" sprachen Leute aus dem Zuschauerraum im Chor mit, gelacht wurde nur, wenn die "Beauties" ihre mühsam eingelernten Schritte vergaßen, und sich in ihrer Verwirrung die jeweiligen Kuhglocken oder Papierblumen vor den falschen Körperteil hielten. Es war - kurz gesagt - ein unvergeßlicher Abend, das Schulbeispiel einer "Kardinalbladern par excellence".

Dementsprechend war auch der Schlußapplaus. Er dauerte nicht einmal so lange, bis der Vorhang zugezogen war. Die Garderoberinnen, die auf der Seitenbühne mit den Blumensträußen für die "Beauties" standen, hatten nicht einmal Gelegenheit, sie den Damen auf offener Bühne zu überreichen.

Peter Wehle, der musikalische Leiter des Hauses, erhob sich vom Klavier - von Verbeugen konnte keine Rede sein - und ging mißmutig in seine Garderobe, um sich umzuziehen. Am Garderobengang traf er einen alten Bekannten, der mit einer der mitwirkenden Damen flüchtig liiert war und dort auf dieselbe wartete.

Die beiden Herren standen einander einige Sekunden lang wortlos gegenüber, und dann wurde es offensichtlich, daß irgendwer irgend etwas sagen sollte.

Dem Peter Wehle fiel nichts ein, außer einem schlichten "Servus". Sein Gegenüber hingegen hatte das Gefühl, daß es der Anstand gebiete, nach einer Premiere in irgendeiner Weise verbal Bezug auf dieselbe zu nehmen. Was aber sagt man in so einem Fall?

Gratulieren kam nicht in Frage. Das wäre blanker Hohn gewesen. Man kann einem alten Bekannten auch nicht ins Gesicht sagen, daß es ein miserabler Abend gewesen wäre. Er dachte also angestrengt nach, um etwas Aufmunterndes, Mutmachendes und Positives zu sagen.

Und schon nach wenigen Sekunden hatte er es. Er sagte:

"Servus Peter...äh...was ich sagen wollte...äh...probt Ihr schon was Neues?"

Musik und Cabaret

Von allen künstlerischen Ausdrucksformen des *homo sapiens* ist die Musik vermutlich jene, die

1. am schwersten zu beschreiben,
2. am mühsamsten zu interpretieren, und
3. am unmöglichsten zu deuten ist.

Ad 1 : Wer einmal versucht hat, einem gehörlosen, oder auch nur unmusikalischen Menschen das Einmalige am "Meistersinger Quintett", oder am Schlußterzett aus dem "Rosenkavalier" zu beschreiben, der weiß, was ich meine. Selbst wenn dieser Gehörlose in der Lage wäre, die Partitur mitzulesen, und den Sängern sowie sämtlichen Instrumentalisten während ihrer Tätigkeit zuzusehen, hätte er immer noch keine Ahnung, welche Emotionen der (musikalische) Zuhörer beim Anhören dieser Musik empfindet. Und wollte man den Versuch unternehmen, ihm diese Emotionen zu schildern - er würde kein Wort davon glauben.

Ad 2: Die Ausbildungszeit eines Musikinterpreten von den ersten Gehversuchen bis zu jenem Tag, da er mit der Musik seinen Lebensunterhalt bestreiten kann, ist wesentlich länger, als die eines durchschnittlichen Akademikers, egal welcher Fakultät. Zwar mag es hin und wieder Menschen geben, die mit einer herrlichen "Naturstimme" zur Welt kommen, dazu vielleicht auch noch ein absolutes Gehör und angeborenes musikalisches Einfühlungsvermögen haben, aber selbst diese müssen jahrelang studieren, bis sie in der Lage sind, ihre Begabungen so einzusetzen, daß sie auch professionell verwertbar sind - und bleiben. Von den unzähligen Stunden, die ein Instrumentalist in sein tägliches "Üben" investieren muß, ganz zu schweigen. Und wenn man dann endlich so weit ist, daß man sich als fertiger Interpret einem Publikum präsentieren darf, kommt ein physischer und psychischer Streß hinzu, von dem sich der durchschnittliche Musikkonsument keine Vorstellung machen kann - und soll.

Ad 3: Nehmen wir einmal an, Rouget de Lisle hätte statt der zündenden Marschmelodie, welche unter der Bezeichnung "La Marseillaise" in die Geschichte eingegangen ist, einen biederen Schuhplattler oder eine elegische Volksweise (wie etwa die "Loreley") geschrieben - wer weiß, vielleicht hätte die Entwicklung der Menschheit einen anderen Verlauf genommen. Andererseits hat Monsieur de Lisle während des Komponierens sicher keinen Moment lang daran gedacht, daß seine Schöpfung noch 200 Jahre später wahlweise von links- und rechtsextremen Franzosen als musikalische Illustration ihrer jeweiligen politischen Absichten und Tätigkeiten in Anspruch genommen werden könnte. Mit anderen Worten: die Deutung einer erfundenen Tonfolge zum Zeitpunkt ihres Entstehens ist ein Ding der Unmöglichkeit. So werden wir nie erfahren, warum es Komponisten gibt, denen einmal und nie wieder eine bleibende Melodie gelingt (etwa Yradiers "La Paloma" oder Tosellis "Serenade" - um nur zwei von unzähligen Beispielen anzuführen) und warum andere, ebenso ungeschulte Komponisten - wie etwa Irving Berlin - über Jahrzehnte hinweg einen Weltschlager nach dem anderen produzieren können. Kurz: die Deutung der Musik und ihre Wirkung auf den Zuhörer ist ein vergebliches Unterfangen.

*

Trotz all der aufgezählten Fährnisse und Unberechenbarkeiten wird in unseren Tagen mehr Musik gemacht und in Anspruch genommen, als je zuvor in der Geschichte der Menschheit. Wir wissen etwa von Zahnärzten, die ihre Patienten schon im Wartezimmer mit nondeskripter "background-music" berieseln, es gibt Lokale in denen die Musikberieselung den Gast bis auf die Toilette verfolgt, kaum ein Werbespot des Rundfunks oder des Fernsehens ist bereit, auf Musik zu verzichten, und wenn wir uns irgendeine Jugendzeitschrift ansehen, dann bekommen wir das Gefühl vermittelt, daß es nichts Wichtigeres auf der Welt gäbe, als das, was die Jugend von heute unter Musik versteht.

Dafür gibt es natürlich mehrere Gründe: erstens ist es noch nie so leicht und so billig gewesen, Musik in brauchbarer Qualität zu reproduzieren. (Ein nicht unwesentlicher Teil des japanischen Wirtschaftswunders basiert auf Geräten, die zu einem Bruchteil des Preises, den man noch vor einer Generation in Kauf nahm, Musik jeglicher Stilrichtung nicht nur hörbar, sondern auch mobil gemacht haben.)

Zweitens ist es noch niemals so einfach gewesen, Musik zu "erfinden" und auf Tonträgern zu verbreiten. Die moderne Musikindustrie versorgt die Urheber mit Maschinen, die in der Lage sind, "Kompositionen" jeglicher Stilrichtung synthetisch herzustellen, wobei das, was an Inspiration fehlt, spielend leicht durch einen erhöhten Werbeetat wettgemacht werden kann.

Drittens - und das ist vermutlich der wesentlichste Grund - haben wir uns sehr an ständigen Konsum von Musik gewöhnt. Unser diesbezüglicher "Bedarf" ist so sehr "geweckt" worden (um im Jargon der Werbung zu bleiben), daß sich sogar Menschen mit "Holzohren", also jene, die nicht in der Lage sind, Weber von Webber zu unterscheiden, ein Leben ohne Musik(berieselung) nicht mehr vorstellen können.

*

Und damit kommen wir langsam zum eigentlichen Thema: "Musik und Cabaret". Es erübrigt sich die Frage, warum in einer Zeit, da an den seltsamsten und erstaunlichsten Orten mit der größten Selbstverständlichkeit Musik zu Gehör gebracht wird, ausgerechnet am Cabaret keine Musik erklingen sollte.

Doch hat am (guten) Cabaret die Musik eine Bedeutung, die weit über das hinausgeht, was dem musikalischen Normalverbraucher üblicherweise zugemutet werden kann: am Cabaret kann - nein, soll es geschehen, daß Musik parodiert wird.

Und daraus können sich etliche Schwierigkeiten ergeben, denn eine Parodie kann nur dann als solche verstanden und gewürdigt werden, wenn das parodierte Original als bekannt vorausgesetzt werden darf. Wenn etwa Debussy im langsamen Mittelteil von "Gollywog's Cakewalk" ein Thema aus dem "Tristan" ad absurdum führt, oder Saint-Saens in seinem "Karneval der Tiere" den Cancan aus "Orpheus in der Unterwelt" im Tanzrhythmus der Schildkröten vom Kontrabaß streichen läßt, dann ist das nur komisch für jene, die das Original kennen.

Nun leben wir - ob wir es wollen, oder nicht - im Zeitalter des Spezialistentums, auch was die Musik betrifft. Oder anders gesagt: die Menschen wissen heutzutage immer mehr - von immer weniger.

Wenn sich also heutzutage jemand - zum Beispiel - mit dem "Spezialgebiet" Oper befaßt, dann tut er dies mit ungeheurer Vehemenz und einer erschreckenden Ausschließlichkeit. In den meisten Fällen wird so ein "Opernfachmann" den Gedanken entsetzt zurückweisen, zwischendurch auch einmal einen Kammermusikabend zu besuchen, oder gar - horribile dictu! - ein Jazzkonzert. Dagegen zu polemisieren, ist sinnlos; man muß schon dankbar zur Kenntnis nehmen, wenn sich so ein "Opernspezialist" auf die Oper insgesamt konzentriert und nicht nur auf besondere Teilgebiete, wie etwa die Barockoper von Monteverdi bis Händel, den frühen Verdi oder den späten Wagner. (Diese Beispiele sind nicht erfunden, ich kenne solche Käuze persönlich - wenn auch nur vom Wegschauen.)

Ebenso engstirnige "Spezialisten" finden wir unter den Anhängern der Popmusik, der Zwölftonmusik, der Folklore, des Jazz und natürlich (und vor allem) unter den Abonnenten der Philharmonischen Konzerte aller Länder...

Wenn nun ein Kabarettist das Wagnis unternimmt, ein Musikstück aus einer der eben aufgezählten Sparten zu parodieren, oder gar zu persiflieren, dann geschieht zweierlei: das Gros des Publikums nimmt die Parodie nicht wahr, weil ihm das Original nicht bekannt ist. Wohingegen die paar Leute im Zuschauerraum, die das parodierte Original erkennen, zutiefst verstört sind, weil etwas "verhunzt" wird, das ihnen wichtig, vielleicht sogar heilig ist. (Originalzitat eines Cabaretkonsumenten: "Über den Elvis macht man keine blöden Witze!")

Fazit - wenn auch etwas drastisch formuliert: man steht vor der Alternative, das Publikum entweder anzuöden - oder zu verärgern.

*

Das war natürlich nicht immer so. Ich war in den Anfängen meiner diesbezüglichen Tätigkeit in der glücklichen Lage, noch einen Zipfel dessen zu erwischen, was man "Allgemeinbildung" nennt. Ich war noch mit einem Publikum konfrontiert, das vielseitige Interessen hatte - auch auf musikalischem Gebiet. Daher konnte ich es mir etwa leisten, in ein und demselben Programm Offenbachs "Orpheus-Ouverture" und Belafontes "Banana-Boat-Song" zu parodieren und das Publikum jubelte in beiden Fällen. Ich durfte - etwa im Lied über die "Alte Engelmacherin" - das unerträgliche Schmalz der Heurigenlieder ebenso ad absurdum führen, wie in der Halbstarkenelegie "Weil ma so fad is'" den damals aktuellen Stil des "Rhythm and Blues".

Zum letztgenannten Song eine kleine Anekdote am Rande:

Angesichts der Tatsache, daß es sich hier um eine Nummer handelte, deren wesentlicher Teil in langsamen Tempo vorzutragen war, hatten wir beim Inszenieren einige Schwierigkeiten. Qualtinger - für den ich das Lied geschrieben hatte - bestand darauf, daß eine namhafte Choreographin hinzugezogen werden müsse, "damit das Publikum bei der Nummer net einschlaft!" Die ehrwürdige Dia Luca - damals das Beste, das Wien an Choreographie aufzuwarten hatte - erklärte sich nach einigem Zögern bereit, diesen Kelch zu leeren.

Es wurde wochenlang geprobt, Dia Luca ging mit einer ungeheuren Ambition an die Sache heran, ließ sich bei jeder Textzeile irgend etwas Kluges einfallen, aber Qualtinger - nicht gerade der Leichtfüßigsten einer - war nur sehr bedingt in der Lage, den choreographischen Anweisungen zu folgen. Entweder vergaß er den Text oder er vergaß die Bewegungen. Nach einiger Zeit wurde das Konzept der Choreographin auf ein Minimum reduziert, denn der Premierentermin kam immer näher und Qualtinger wurde immer unsicherer. Bei der Generalprobe ergab es sich, daß Qualtinger überhaupt nur unbeweglich im Vordergrund stand, um den Text zu verkaufen, während im Hintergrund zwei Kollegen wenigstens Spurenelemente der geplanten Inszenierung zustandebrachten. Dafür aber war wenigstens der Textvortrag Qualtingers makellos.

Dann aber kam die Premiere. Durch die fehlerfreie Generalprobe ermutigt, begann Qualtinger plötzlich tänzerische Bewegungen aus den grauen Anfängen der Probenzeit auf der Bühne zu vollführen. Bewegungen, die wir schon längst aufgegeben hatten, jemals wieder zu sehen. Das Publikum war hingerissen, wir alle glaubten, einer "Sternstunde" des Cabarets beizuwohnen - dann aber während der Nummer passierte es: Qualtinger vergaß während einer komplizierten Schrittfolge seinen (bzw. meinen) Text. Er begann zu "schwimmen", versuchte einige Takte lang, den fehlenden Text mit improvisierten Tanzschritten zu ersetzen (ein wahrhaft vergebliches Unterfangen) und dann war das absolute Chaos ausgebrochen. Dia Luca hielt sich die Hände vor die Augen, und ich überlegte allen Ernstes, ob ich nicht dem Vorhangzieher ein Zeichen geben sollte. Die Nummer wurde schließlich nur dadurch gerettet, daß einer der beiden Kollegen im Hintergrund - heute würde man sagen: "background-singers" - geistesgegenwärtig den Part Qualtingers übernahm, so daß die Nummer doch noch irgendwie zu Ende gebracht werden konnte.

Zwar wunderte sich das Publikum über diese höchst eigenwillige Darbietung, aber der Schlußapplaus - wenn auch nicht überwältigend - war immerhin hörbar. Beim Verlassen der Bühne lief mir Qualtinger direkt in die Arme.

Ich wollte ihn angesichts des Fiaskos trösten - aber ich kam nicht dazu. Qualtinger pfauchte mir folgende denkwürdige Worte entgegen:

"Eines versprech ich Dir, Bronner: das war heute das letzte Mal, daß ich diese Scheißnummer gesungen habe!" Sprach's, und ließ mich verdattert stehen. Daß der Song trotzdem noch so etwas Ähnliches, wie ein Cabaret-Klassiker geworden ist, wundert mich heute noch.

*

Vielleicht sollte hier noch eine weitere wahre Geschichte angeführt werden, um eine zusätzliche Facette meiner musikalischen Arbeit mit Qualtinger zu illustrieren:

Zum Zeitpunkt, da unser letztes gemeinsames Programm "Hack'l vor'm Kreuz" entstand, war Qualtinger schon ziemlich dem Alkohol zugetan. Noch war es kein klinischer Alkoholismus, noch trank er teils aus Unsicherheit, teils aus einem mißverstandenem Macho-Gehabe, aber der Endeffekt war der gleiche: das private Zusammensein mit ihm wurde - nach einer gewissen Zeit - zur Qual für seine Freunde.

Da beschloß ich, etwas zu unternehmen. Moralpredigten wären sinnlos gewesen und hätten nur seinen Widerspruchsgeist erhöht. Also entschied ich mich für eine subtilere Methode: ich schrieb eine ungemein hinterfotzige Cabaret-Nummer gegen den Alkohol ("Krügel vor'm G'sicht"). Zunächst weigerte er sich, die Nummer zu singen, worauf ich ankündigte, das Lied selbst singen zu wollen. Einige Tage vor der Premiere kam Erich Neuberg, der nachmalige Regisseur des "Herrn Karl" zu einer Probe, hörte mein "Solo", stürzte sofort danach hinter die Bühne und fragte Qualtinger, ob er wohl verrückt geworden wäre, sich so eine "klasse" Nummer entgehen zu lassen. Nach einigen Verhandlungen einigten wir uns darauf, aus dem "Solo" ein Duett zu machen.

Bei der Premiere erwies sich das "Duett" als einer der Höhepunkte des Abends. An der Stelle:

"Dann muaß i der Musi an Hunderter reib'n,
I bin in mein' Himmel - und dann geh i speib'n"

gab es jeden Abend Zwischenapplaus, in dem sich Qualtinger gebührend sonnen konnte. Doch wenn er - unter dem Jubel des Publikums zu singen hatte

"A Krügerl, a Glaserl, a Stamperl, a Schluckerl
Wann i dann mei Alte verplesch
Dann freun si' die Leut und sag'n: des is' a Schnuckerl
Weil b'soffen sein is' ja so fesch..."

dann dürfte ihm dies - jenseits aller Darstellungskunst - zu denken gegeben haben, denn - wer nicht dabei war, glaubt es nicht - zum größten Erstaunen aller Beteiligten hörte Qualtinger auf zu trinken. Er entdeckte plötzlich die Meriten des Mineralwassers, wenn er durstig war. Zu seiner eigenen Verwunderung stellte er fest, daß er sich ohne Alkohol nicht nur besser fühlte, sondern daß ihm auch am Ende des Monats mehr von seiner Gage übrigblieb.

Das Programm lief 200 mal und dies dürfte die einzige Zeitspanne in Qualtingers erwachsenem Leben gewesen sein, da er ohne Alkohol sein Auslangen fand.

Es war das einzige Mal, daß es mir gelang, ein Lied zu schreiben, das nicht nur im Publikum, sondern auch auf der Bühne eine starke Wirkung erzielen konnte.

Ob das nicht auch mit einer Prosanummer zu bewerkstelligen gewesen wäre? Ich sage nein. Denn Qualtinger hat immer wieder unsagbar komische Besoffene zu spielen gehabt, ohne daß sich ein ähnliches Ergebnis bei ihm eingestellt hätte.

Ich behaupte, es war eben die Musik, die der Aussage des Textes eine zusätzliche Dimension verlieh; einen Effekt, der mit Worten allein nicht zu erzielen gewesen wäre. Denn die Musik - richtig angewandt - hat einen direkten Draht ins Innere des Menschen. Musik kann unter Ausschaltung, zumindest aber unter Umgehung der Gehirnzellen beim (musikalischen) Zuhörer Emotionen freilegen, von denen er selbst bis dahin keine Ahnung hatte.

Und das ist der Grund, warum wir am Cabaret immer wieder Musik verwendet haben: nicht als Untermalung eines Textes brauchten wir die Musik, sondern als Richtungspfeil für die Direttissima ins Unterbewußtsein unseres Publikums.

Auch wenn wir keine geschulten Interpreten waren und oft (viel zu oft) weit über unsere Verhältnisse agieren mußten.

Auch wenn wir es unserem Publikum nicht immer leicht gemacht haben; denn starke Musik zu verarbeiten, strengt an.

Auch wenn wir uns immer wieder an den großen Klassikern vergriffen haben, um unserer Aussage ein wirkungsvolles Vehikel zu verleihen. Bei dieser Gelegenheit möchte ich mich ausdrücklich bei den Herren Mozart, Beethoven, Schubert, Verdi, Wagner, Ravel , Offenbach, Richard Strauss und Johann Strauß (sowie bei vielen anderen) dafür entschuldigen, daß ihre genialen Einfälle von mir immer wieder zweckentfremdet wurden.

Gleichzeitig wäre ich froh, wenn es heute noch ein Cabaretpublikum gäbe, das diesen "Mißbrauch" von Klassikern zu schätzen wüßte.

Das Publikum

Da saßen wir einmal spät des Abends in einer Bar zusammen. Wir, das heißt etliche Kollegen, teils nach ihrer Vorstellung und teils nach einem Kinobesuch. Ich zählte zu den letzteren. Der Film, den wir gesehen hatten, war die "Westside Story". Damals brandneu und eine Sensation in jeder Hinsicht.

Wir kamen ins Schwärmen und wußten nicht, was wir am meisten loben sollten: die grandiose Choreographie Jerome Robbins' oder die so ungemein gekonnte und einfallsreiche Musik des genialen Leonard Bernstein. Wir ergingen uns in Lobpreisungen der Handlungstransposition, die Arthur Laurents zustandegebracht hatte, der unvergleichlichen Liedertexte des kostbaren Stephen Sondheim und der Bildregie des bedeutenden Robert Wise.

Wir waren eben kein "normales" Publikum, sondern Leute vom Bau, die mehr oder weniger wußten, worauf es ankam, wenn ein Meisterwerk zustande kommen sollte.

Einer der Kollegen aber hatte eine Freundin ins Kino mitgenommen. Eine eher gutaussehende, junge Blondine - von des Gedankens Blässe nur in Rudimenten angekränkelt und dem Insider-Gespräch der "Kasperln" so fernstehend, wie eine Kreuzung zwischen Tarzan und der Fischerin vom Bodensee.

Während wir Spekulationen nachgingen, wie viele "Oscars" der Film demnächst bekommen würde, (heute wissen wir, daß es zehn waren) mischte sich die junge Dame ins Gespräch:

"Also ich weiß nicht, was Ihr wollt - mir hat der Film überhaupt nicht gefallen!"

Eine atemlose Stille setzte ein. Damit hatte niemand gerechnet. Endlich fragte einer von uns:

"Erklären Sie uns, Fräulein: was hat Ihnen an dem Film nicht gefallen?"

Darauf erwiderte die Blondine mit verblüffender Selbstsicherheit:

"Immer wenn's interessant g'worden ist, haben s' zum Tanzen ang'fangt."

*

Nun könnten wir einfach in den Raum stellen, daß es sich bei dieser jungen Dame um einen "Trampel" gehandelt hat, und zur Tagesordnung übergehen.

Doch wenn wir ein bißchen tiefer schürfen, kommen wir zur erschreckenden Erkenntnis, daß dieser "Trampel" - im Unterschied zu uns - Publikum war, also jener unübersehbaren Menschenmenge angehörte, für die wir "Kasperln" uns Zeit unseres Lebens geplagt haben. Für das Autoren stunden- oder tagelang an einer besonderen Formulierung feilen, für das Komponisten entsetzliche Geburtswehen überstehen müssen, ehe sie eine Melodie gebären, die wert ist, gesungen zu werden, und für das Schauspieler, Sänger, Tänzer und Musiker wochen- oder monatelang proben müssen, um irgendwann zu einem Ergebnis zu gelangen, das in der Lage ist, eine größere Anzahl von anonymen Menschen

a) zwei Stunden lang in einem verdunkelten Raum wach zu halten,
b) davon abzulenken, daß der Babysitter daheim vermutlich gerade die frischgekaufte Whiskyflasche halbleer trinkt und dann mit Wasser auffüllt, und
c) am Schicksal wildfremder Leute teilnehmen zu lassen (wobei sie selbst doch nicht einmal annähernd in der Lage sind, ihr eigenes zu meistern).

Ein nahezu aussichtsloses Unterfangen, fürwahr. Und doch: die "Kasperln" geben nicht auf. Seit Aïschylos' und Aristophanes' Zeiten gab und gibt es in der zivilisierten Welt immer ein Häuflein von Verrückten, die mit einer unfaßbaren, zähen Beharrlichkeit immer wieder von neuem darangehen, sich für eben dieses Publikum etwas Neues auszudenken, das unterhaltend, rührend, tragisch, komisch, spannend - oder am besten all das zusammen ist.

Und wenn dann tatsächlich einmal etwas zustande kommt, bei dem alle diese Komponenten glücklich vereint sind - wahrlich selten genug! - dann tritt eine Einzelperson aus der unübersehbaren Menschenmenge hervor und sagt:

"Immer wenn's interessant wird, fangen s' zum Tanzen an."

Oder ähnliches.

*

Das Abonnementsystem der großen Theater bringt es mit sich, daß immer wieder Menschen mit Stücken konfrontiert werden, die sie eigentlich gar nicht sehen wollen.

"Aber man kann doch um Gotteswillen die teuren Karten nicht verfallen lassen!"

Also zieht man sich dunkel an und geht schweren Herzens ins Theater, um vor den Bekannten und vor sich selbst (vor allem aber vor Ersteren) nicht als Banause dazustehen.

Die nun folgende wahre Begebenheit trug sich zufällig in der Berliner "Volksbühne" zu. Aber sie hätte sich genau so gut in jeder anderen Stadt, die ihren Bürgern zu ermäßigten Preisen einen Zugang zur "Kultur" ermöglicht, abspielen können.

Kurz vor Vorstellungsbeginn strömte eine komplette Familie in die Sitzreihe vor mir. Vater, Mutter und vier Kinder in gestaffeltem Alter. Natürlich alle, dem feierlichen Anlaß entsprechend, dunkel gekleidet. Der Vater erwirbt beim Billeteur ein Programmheft, studiert es kurz, dann wendet er sich triumphierend an seine gesamte Familie und ruft mit Stentorstimme:

"Na, haw ick Euch nich' jesaacht, daß da "Torquato Tasso" von Joethe ist?"

*

Vor langen Zeiten gab es einmal in Wien ein Theater, das von der kommunistischen Partei für ihre spärlichen Genossen betrieben wurde. Das Publikum wurde von fern und nah mit Autobussen herangekarrt, hauptsächlich aus den Niederösterreichischen Erdölgebieten, die damals in der Besatzungszeit noch streng russisch kontrolliert waren. Solange man diesem Publikum sowjetische Propagandastücke vorsetzte, war es noch einigermaßen ansprechbar. Auch wenn es mit sozialkritisch eingefärbten Nestroy- oder Raimundstücken konfrontiert wurde, ging es irgendwie. Aber eines Tages beschlossen die schauspielernden Direktoren des Hauses - vermutlich, um ihren Beruf nicht ganz zu verlernen - den "Hamlet" auf den Spielplan zu setzen.

Einer der Mitwirkenden schenkte mir eine Freikarte - also ging ich hin. Nicht so sehr, um den "Hamlet" zu sehen, als vielmehr um die Reaktion der Autobusinsassen aus Zistersdorf und Aderklaa auf den Barden von Stratford on Avon zu studieren. Und ich sollte nicht enttäuscht werden.

Am Ende des großen Hamlet-Monologs hörte ich hinter mir folgenden Dialog:

"Was hat er da eigentlich g'sagt, der Kerl mit der schwarzen Strumpfhosen?"

" Er hat überlegt, ob er si' haamdrahn soll, oder net."

"Aha." (nach einer kurzen Pause) "Alsdann von mir aus kann er si' ruhig die Kugel geb'n, dann kumm'ma vielleicht zeitlicher haam."

Nach dem berühmten "Geh in ein Kloster, Ophelia!" ertönte es hinter mir:

"Also wann i a Schauspielerin war, i glaub', i gingert liaber auf'n Strich, als in a Kloster..."

Nach Schluß der Vorstellung schnappte ich unter den herausströmenden Zuschauern noch folgenden Dialogfetzen auf:

"Na, hat's dir g'fallen?"

"I glaub', die G'schicht wär' gar net so schlecht, aber i versteh net, warum die Leut' so g'schwollen daherreden miassen...außerdem: was geht mi' die G'schicht von an Prinzen an? I bin a Proletarier!"

*

Nun gut, wir können uns schnell darauf einigen, daß die kommunistischen Genossen aus dem niederösterreichischen Erdölgebiet nicht gerade die ideale Zielgruppe für eine hehre, theatralische Dichtung sein mögen.

Aber sind die Zuschauer eines gutbürgerlichen Hauses, wie zum Beispiel des altehrwürdigen Theaters in der Josefstadt, um so vieles besser?

Dort hörte ich nach einer wunderschönen Aufführung von "Kabale und Liebe", während ich auf meine Garderobe wartete, folgenden Dialog zweier gesetzter Matronen, die eben ihre Pelzmäntel in Empfang nahmen:

"Na, hat's Dir gefallen?"

"Überhaupt nicht."

"Aber die Schauspieler waren doch sehr gut und die Kostüme waren wunderschön!"

"Schon, nur...wenn in einem Stück so entsetzlich viele Mißverständnisse vorkommen, dann krieg' ich immer Kopfschmerzen..."

*

Solche und ähnliche Geschichten könnte man aus so ziemlich allen Theatern der Welt seitenlang berichten, aber wozu? Ich glaube, daß der aufgeweckte Leser inzwischen begriffen hat, worum es mir geht.

Ich wollte die Diskrepanz beschreiben, die zwischen dem auf einer Bühne Dargebotenen, und der geistigen Aufnahmefähigkeit des Publikums bestehen kann. Die "moralische Anstalt", die ein Theater laut Schiller zu sein hat, ist in der Praxis ein frommer Wunschtraum geblieben. Das Publikum geht mit einer ziemlich bestimmten Erwartungshaltung ins Theater (wenn überhaupt) und wenn dieser nicht Rechnung getragen wird, dann ist man eben enttäuscht.

In den meisten Fällen erwartet das Publikum einfach Unterhaltung, also eine leichtfüßige Ablenkung von den eigenen Alltagsproblemen. Dieser Bedarf ist verhältnismäßig leicht zu decken. Alles, was dazu benötigt wird, ist eine alte, gängige Operette mit Melodien, die man mitsummen kann, möglichst kostbar ausstaffiert und dargeboten von etlichen Publikumslieblingen, die man seit Jahren kennt, liebt und verehrt.

Oder ein mehr oder weniger musikalisches Spektakelspiel à la "Cats", in dem mit einem ungeheuren Aufwand an Turnübungen zwei Stunden lang von der Tatsache abgelenkt wird, daß es eigentlich um überhaupt nichts geht.

Anspruchsvolle Theaterbesucher erwarten neuerdings natürlich auch Sozialkritik, aber nur wenn der politische Ausgangspunkt der Kritik sich mit jenem des jeweiligen Zuschauers voll und ganz deckt. Wenn nicht, war's eben ein schlechtes Stück...

*

Aber was immer man gegen ein Theater- oder ein Kinopublikum vorbringen kann und will, das alles verblaßt gegenüber der weit größeren und noch viel anonymeren Menschenmasse, die allabendlich vor dem Fernseher sitzt. Der Mensch, der ins Kino geht, oder der ein Theater-Abonnement erwirbt, der sucht sich wenigstens ungefähr das aus, was er sehen will, er kann demnach zumindest ahnen, was auf ihn zukommen wird, wenn er in einem verdunkelten Raum Platz nimmt.

Nicht so der Fernsehkonsument. Der hat seine Gebühren bezahlt und will dafür allabendlich sein "Pfund Fleisch" serviert bekommen. Wobei natürlich fast jeder sein geistiges Mahl anders zubereitet haben möchte, als der andere.

Aber trotzdem: mit der Zeit haben sich sogar die bloßfüßigsten Schrebergärtner mit der Tatsache abgefunden, daß es Kunstgattungen gibt, die man als "Kultur" zu akzeptieren hat - ob man will oder nicht. An Abenden, wo im ersten Programm eine Oper, und im zweiten eine politische Diskussion gesendet wird, geht man eben Kegeln und die Sache hat sich.

Aber: hin und wieder (mehr hin als wieder) kann es passieren, daß sich jemand untersteht, dem Fernsehpublikum Humor - oder was noch schlimmer ist - Satire zuzumuten. Die Folgen können katastrophal sein. Vernimm nun, werte Leserschar, aus der höchst berufenen Feder eines vielfach gebrannten Kindes einige diesbezügliche Erfahrungen.

*

Es war in den späten Fünfzigerjahren, und es waren wieder einmal (natürlich vorgezogene) Nationalsratswahlen angesagt. Zu Beginn des Wahlkampfes saßen noch vier kommunistische Abgeordnete im östereichischen Parlament, aber jeder, der es erfahren *wollte*, wußte, daß es nach der Niederwerfung des ungarischen Volksaufstandes (1956) in Österreich kein kommunistisches Grundmandat mehr geben würde.

Damals spielten wir allmonatlich ein Fernsehcabaret namens "Spiegel vor'm Gesicht" und natürlich wurde von uns irgendeine Stellungnahme zum Wahlkampf erwartet. (Damals war derartiges noch möglich.)

Also schrieb ich eine musikalische Solonummer für mich mit dem Titel: "Ich bin der letzte kommunistische Wähler". Darin verkörperte ich einen Halbirren, der stolz von sich behauptete, jeden Richtungswechsel der Partei gutzuheißen, der jede interne Säuberung übersteht, weil "die Partei immer Recht hat", der das Leben im Ostblock so schön findet, weil es dort keine Parkplatzprobleme gibt, etc.

Einige Tage danach ging ich zum damaligen Wiener "Prominenten-Friseur" Preibisch, bei dem ich Stammkunde war. Normalerweise wurde ich vom Meister während des Haarschnitts mit einer steten Suada von Gemeinplätzen überhäuft, an diesem Tag aber blieb er erstaunlich wortkarg, was mich nicht weiter störte, denn so konnte ich wenigstens in Ruhe meine Zeitung lesen.

Meister Preibisch verrichtete stumm seine Arbeit, putzte mich flüchtig ab, dann neigte er sich ganz nah zu mir und sagte:

"Herr Bronner, daß Sie kommunistisch wählen wollen, das ist Ihre Sache - da will ich Ihnen nix dreinreden - aber müssen S' das unbedingt im Fernsehen laut ausplaudern, so daß es jeder Mensch erfährt?"

*

Trotz dieser und ähnlicher Erfahrungen, begann ich in den Sechzigerjahren mit Peter Wehle eine Cabaretserie für das Österreichische Fernsehen zu produzieren, die sich zum größten Erstaunen aller Beteiligten fast zehn Jahre lang halten konnte. Für unsere Doppelconférence hatten wir uns ein Schema ausgedacht, demzufolge ich den negativen "Gescheiten" und Wehle den positiven "Blöden" zu spielen hatte. Naturgemäß behandelte der "Gescheite" den "Blöden" immer mit einer arroganten Herablassung, machte sich über ihn lustig und stellte ihn bloß, wo immer es ging.

Den wenigsten Zusehern fiel dabei auf, daß Wehle sich immer mit dem Standpunkt der breiten Öffentlichkeit (oder "schweigenden Mehrheit") des Landes zu identifizieren hatte, während meine Aufgabe darin bestand, die unbequeme Wahrheit zu sagen, die eigentlich keiner so genau wissen wollte.

*

Das Resultat: Peter Wehle avancierte zum allseits geschätzten Publikumsliebling, ich hingegen wurde im ganzen Land als "arroganter Kotzbrocken" bekannt.

Eines Tages war in den Zeitungen zu lesen, daß der Dr. jur. Peter Wehle sich ein zweites Doktorat erarbeitet hatte. Aus dem ganzen Land regneten Gratulationen auf ihn herab, was mehr oder weniger zu erwarten gewesen war.

Nicht zu erwarten aber war folgendes:

DDr. Peter Wehle saß im Kaffeehaus und las die Zeitung. Ein gutgekleideter Mann um die Fünfzig kam an seinen Tisch und sagte:

“Entschuldigen Sie vielmals die Störung - sind Sie nicht der Peter Wehle vom Fernsehen?”

Wehle, an Kummer gewöhnt, bejahte.

“Also hab ich mich doch nicht getäuscht. - Ich wollte Sie schon lang etwas fragen.

“Bitte, fragen Sie.”

“Haben Sie es wirklich nötig, sich als zweifacher Doktor von diesem arroganten Kerl, dem Bronner, in aller Öffentlichkeit so schrecklich behandeln zu lassen?”

*

Ich begann 1953 in Hamburg für das Fernsehen zu arbeiten. Damals gab es in der gesamten Bundesrepublik Deutschland (einschließlich Westberlin) sage und schreibe 5.000 Fernsehapparate und in Österreich keinen einzigen. Ein durchschnittliches TV-Gerät kostete damals den Gegenwert zweier Monatseinkommen und demgemäß konnte sich nur die wohlhabende Oberschicht so eine “Wunderkiste” leisten.

Womit allerdings nicht gesagt sein soll, daß diese “Oberschicht” auch höhere Ansprüche an das Programm stellte. Wer damals sein Fernsehgerät einschaltete, beurteilte in erster Linie die Empfangsqualität und nicht den Inhalt des Ausgestrahlten. Wir konnten daher ohne besondere Rücksichtnahme auf Einschaltziffern nach Belieben herumexperimentieren, denn es gab noch keine Fernsehkritik, keine Hörer- und Sehervertretung, und die Politiker hatten damals wesentlich größere Sorgen, als sich darum zu kümmern, was 5.000 Sonderlinge auf ihren Bildschirm sehen wollten - und was nicht.

Die Leute, die damals Fernsehen machten - oder besser gesagt: lernten - waren fast durchwegs junge Idealisten, die von dem neuen Medium aus den verschiedensten Gründen fasziniert waren. Sie mußten übrigens Idealisten sein, denn die Fernsehstation hatte so gut wie gar kein Geld zur Verfügung, sie wurde als Abfallprodukt des Rundfunks notdürftig von diesem am Leben erhalten.

Einen einzigen Menschen gab es im Sender, der auf eine langjährige Erfahrung zurückblicken konnte. Das war Professor Hanns Fahrenburg, ein weißhaariger Mann über sechzig, der schon 1936 dabei war, als Teile der Berliner Olympischen Spiele mittels irgendwelcher vorsintflutlicher Geräte via “Bildfunk” nach Dresden übertragen wurden. Mit dieser Legitimation ausgestattet, wurde Professor Fahrenburg zum Oberspielleiter des neugegründeten Deutschen Fernsehens ernannt, und wir alle hingen an seinen Lippen, wann immer er etwas sagte - und er hatte gar viel zu sagen.

Nach einigen Wochen Lehrzeit bei Professor Fahrenburg wurde ich mit meiner ersten Fernsehregie betraut. Es handelte sich um einen nicht sehr bedeutenden Einakter von Thornton Wilder namens "Liebe, und wie man sie heilt." Ich probte zwei Wochen lang mit einem Schauspielerensemble, das vom Fernsehen noch weniger Ahnung hatte, als ich - und dann kam der große Tag der Generalprobe. Ich war aufgeregt, wie selten in meinem Leben, saß am Mischpult und gab Anweisungen an die Kameraleute, an die Bildmischerin, an die Beleuchter und Tonassistenten, kurz: ich kam mir ungemein wichtig vor.

Da plötzlich spürte ich jemanden hinter mir stehen. Ich wandte mich kurz um und erblickte Hanns Fahrenburg, den Oberspielleiter. Er sah dem hektischen Treiben eine zeitlang wortlos zu, dann neigte er sich an mein Ohr und sagte folgende unvergeßlichen Worte:

"Junge, laß die Schauspieler langsamer sprechen. Denk' immer daran: Wenn Du Fernsehen machst, spielst Du für Idioten!"

Leider habe ich diese Worte nicht beherzigt. Hätte ich es getan, wäre mir mir sicherlich vieles erspart geblieben.

Zum Beispiel Publikumsreaktionen, wie die oben zitierten...

*

Stellvertretend für alles, was sich noch über das Fernsehpublikum sagen und schreiben ließe, möchte ich nur noch eine Begebenheit erwähnen, die mir ein Antennenmonteur vor Jahren erzählte.

Er kam eines Tages in eine Wohnung, um irgend etwas an der Fernsehantenne zu verbessern. Der Fernsehapparat war eingeschaltet und zeigte in ganz schlechter Bildqualität einen Italienischkurs. Davor saß eine alte Dame und blickte mißmutig auf den Bildschirm.

Der Monteur wandte sich leutselig an die Fernsehkonsumentin:

"No, wie hamma 's, Mutterl? Lernen S' Italienisch?"

"Naaa", erwiderte das Mutterl griesgrämig.

"Warum schaun S' dann zu?"

"Was soll ich machen? Es gibt ja nix and'res!"

Theoretisch hätte sie auch sagen können: "Immer wenn's interessant wird, fangen s' zum Tanzen an", aber interessant wurde es für sie nie, weil sie nicht im entferntesten daran dachte, Italienisch zu lernen. Außerdem pflegen Sprachlehrer nicht zu tanzen. Würden sie es aber doch tun, wäre es dem Mutterl vermutlich gar nicht weiter aufgefallen.

Regietheater

Nachdem die meisten Menschen, sogar ständige Theaterbesucher, sich unter dem Begriff "Regie" nicht allzuviel vorstellen können, möchte ich meine höchst subjektive Deutung des Begriffes "Regie" an den Beginn dieses Kapitels stellen.

Ein Regisseur ist am Theater das, was bei einem Orchesterkonzert der Dirigent ist. Natürlich könnten die Schauspieler auch ohne Regisseur einen Theaterabend zustandebringen - ebenso wie ein Orchester auch ohne Dirigenten spielen könnte. Aber irgendwer muß den einzelnen Orchestermusikern sagen, wo sie lauter und wo sie leiser spielen sollen, ebenso wie man ihnen Tempoänderungen anzeigen muß, sonst spielt jeder so, wie er will, und das Ergebnis wäre ein wüstes, uneinheitliches Durcheinander.

Es würde aber keinem normalen Dirigenten jemals einfallen, die Partitur des Komponisten zu verändern, etwa aus einem "Andante" ein "Allegro" zu machen, oder aus einem "Fortissimo" ein "Mezzopiano". Ebensowenig würde es ein Dirigent jemals wagen, die vom Komponisten vorgesehene Tonart zu verändern, etwa die "Unvollendete" statt in H-Moll in F-Moll zu spielen, oder gar in F-Dur.

Wollte ein Dirigent dies einem Orchester zumuten, könnte er sich stehenden Fußes nach einem neuen Beruf umsehen.

Und dann könnte er zum Beispiel Theaterregisseur werden. Denn am "modernen" Theater ist all das nicht nur möglich, es ist fast Selbstverständlichkeit geworden.

Diese willkürliche, oft höchst dilettantische Vergewaltigung des Dichters nennt man "Regietheater". Und dieser Begriff ist - bei Tageslicht betrachtet - ebenso absurd, wie "Dirigentenmusik".

*

Es war im Jahre 1956, als der großartige Schauspieler Fritz Kortner in den Münchener Kammerspielen Shakespeares "Was ihr wollt" inszenierte.

Viereinhalb Monate lang.

Ich war damals mit einer der mitwirkenden Damen liiert und erfuhr von ihr in regelmäßigen Abständen, was sich alles während der Probenarbeiten abspielte. Sie erzählte mir etwa von einem jungen Schauspieler, der sich nach dem x-ten Krach mit Kortner allen Ernstes umbringen wollte, sie berichtete von Schrei- und Weinkrämpfen bei den Proben und in den Garderoben, von etlichen kostspieligen Umbesetzungen und ähnlichen überflüssigen Katastrophen.

Viereinhalb Monate lang.

Nach der Generalprobe fand ich einen verzweifelten Kortner auf der leeren Bühne vor, der immer wieder vor sich hinsagte:

"...wenn ich jetzt nur noch *eine* Woche lang proben könnte... !"

Bei der Premiere saß ich neben Friedrich Torberg im Zuschauerraum und wir litten fast fünf Stunden lang unter einem Regiekonzept, das jeden Funken Humors entbehrte, das Schauspieler zu Lemuren machte, das nicht einen einzigen menschlichen Ton auf der Bühne zuließ - kurz: wir sahen genau das Gegenteil dessen, was Shakespeare ursprünglich als Lustspiel geplant hatte.

Was übrigens nichts an der Tatsache änderte, daß die Kritiken hymnisch waren - obwohl Kortner selbst über die Vorstellung verzweifelt war.

Einige Wochen nach der Premiere trafen wir Kortner in Wien. Natürlich hatte er inzwischen vernommen, daß uns die Aufführung nicht gefallen hatte. Er wollte von uns eine detaillierte Kritik hören - und bekam sie auch. Nachdem wir ihm die wesentlichsten Minuspunkte der Inszenierung aufgezählt hatten - ein Vorgang, der sich über nahezu eine halbe Stunde erstreckte - blieb Kortner zunächst eine Weile stumm und dachte nach. Dann sagte er:

"Seid nicht so streng mit Eurem Urteil. Ich bin doch als Regisseur nur ein Lehrbub - aber Gottseidank sind die Leut' zu blöd, um das zu bemerken."

Ein hochqualifiziertes Schauspielerensemble mußte demnach herhalten, um einem Mann die Möglichkeit zu geben, in einem Beruf, den er zugegebenermaßen nie erlernt hatte, zu dilettieren.

Viereinhalb Monate lang.

*

Es war im Jahre 1964, als Leopold Lindtberg im Auftrag der Wiener Festwochen "Die letzten Tage der Menschheit" von Karl Kraus inszenieren sollte. Ein Stück, das nach Aussage seines Autors "für ein Mars-Theater" geschrieben - also eigentlich unspielbar war. Der damalige Festwochenintendant bestellte mich (auf Wunsch Lindtbergs) als Produktionsleiter dieses Unterfangens, und ich hatte dadurch die Möglichkeit, das Entstehen dieser Aufführung vom ersten Planungsstadium bis zur Premiere hautnah mitzuerleben.

Bevor wir uns zusammensetzten, um eine spielbare Fassung des Textes zu erarbeiten, schilderte mir Lindtberg bis ins letzte Detail, wie die Aufführung aussehen sollte. Er hatte ganz genaue Vorstellungen vom Bühnenbild, von den

Anforderungen an die rund 200 Mitwirkenden, von den notwendigen Beleuchtungseffekten, von den szenischen Verwandlungen, sowie von der Bühnenmusik, die ich zu schreiben hatte.

Etliche Wochen vor Probenbeginn wurde der Premierentermin festgesetzt. Die Probenzeit wurde mit sechs Wochen veranschlagt und wurde nicht um einen einzigen Tag überschritten. Während der Proben gab es kein lautes Wort, keinen wie immer gearteten Krach, und niemand der vielen Mitwirkenden wurde beleidigt, gequält oder "zur Sau gemacht". Die Aufführung wurde zum unvergeßlichen Erlebnis für alle, die - auf der Bühne oder im Zuschauerraum - dabei sein durften.

Nach sechs Wochen intensiver Proben.

Allerdings unter der Leitung eines Mannes, der seinen Beruf beherrschte.

*

Die Theaterregisseure der folgenden Generation orientierten sich leider nicht an Lindtberg, sondern an Kortner.

Professionalismus ist nicht mehr gefragt. Im Gegenteil: er ist zum Synonym für Einfallslosigkeit umfunktioniert worden.

Ein Regisseur, der nichts weiter inszeniert, als das, was der Autor auf der Bühne sehen wollte, ohne zusätzliche "Deutungen" und ständige Vergewaltigungen des Textes, so ein Regisseur wird heutzutage bestenfalls als "braver Handwerker", ungünstigenfalls aber als hoffnungslos vorgestriger Stümper disqualifiziert.

Gefragt sind heute jene "Theatermacher", die ohne erkennbares Konzept zu proben beginnen, und monatelang sämtlichen Beteiligten auf und hinter der Bühne die Freude an ihrem Beruf verleiden. Je weniger das Ergebnis mit den Intentionen des Autors übereinstimmt, desto sicherer können sie sein, von einer eisernen Garde ebenso theaterfremder "Fachleute" in den Kulturredaktionen unserer Zeitungen über den grünen Klee gelobt zu werden.

Und es muß einmal deutlich gesagt werden: das Regietheater, so wie es derzeit im deutschsprachigen Raum grassiert, ist nicht nur das untauglichste und unprofessionellste System, Theater zu machen, es ist auch das kostspieligste.

*

An einem nichtsubventionierten Theater wären Proben von fünf, sechs, oder noch mehr Monaten völlig undenkbar. In London, der heute lebendigsten und interessantesten Theaterstadt Europas, käme kein Regisseur auf den Gedanken, länger als vier Wochen an einem Prosastück zu arbeiten. Täte er es, dann wäre dies seine letzte Inszenierung.

Als Jerome Robbins für die Welturaufführung der "Westside Story" (einschließlich Musik- und Balletteinstudierung) acht Wochen (!) Probenzeit verlangte, bestanden die finanzierenden Produzenten darauf, daß er sich an den Mehrkosten zu beteiligen hatte.

Allerdings sind für die Führung der Londoner und New Yorker Theater auch nicht irgendwelche austauschbare Politiker (oder von solchen eingesetzte Beamte) zuständig, sondern Fachleute, die ihr eigenes Geld riskieren und demzufolge ganz anders kalkulieren müssen. Trotzdem - oder vielleicht gerade deshalb - werden unverhältnismäßig mehr Londoner und New Yorker Produktionen auf deutschen Bühnen nachgespielt, als umgekehrt.

Würde man im deutschen Sprachraum den "Theatermachern" die gleichen professionellen Arbeitsbedingungen zumuten, wie sie in allen namhaften Theaterstädten der Welt selbstverständlich sind, dann hätten sie nur zwei Möglichkeiten: entweder sie würden endlich ihren Beruf erlernen, oder sie dürften nie wieder an ein professionelles Theater gehen.

*

Einer der wesentlichsten Exponenten des "Regietheaters" wurde vor einigen Jahren aus Bochum nach Wien geholt, um das Wiener Burgtheater zu leiten.

Diese Feststellung hat nichts mit Fremdenhaß zu tun. Mit einer Ausnahme (Häussermann) kamen so ziemlich alle Burgtheaterdirektoren der letzten Jahrzehnte aus Deutschland und kein vernünftiger Mensch wäre je auf die Idee gekommen, deshalb gegen einen von ihnen zu polemisieren.

Es soll hier auch nicht gegen die von Peymann aus Bochum eingeschleppten Mimen zu Felde gezogen werden: seit ich das Burgtheater kenne, kamen viele der beliebtesten Protagonisten des Hauses aus Deutschland. Allerdings haben sie sich immer dem Burgtheater und seinem Publikum angepaßt - und nicht umgekehrt.

Nein, meine Polemik - sofern man sie als solche betrachten will - richtet sich ausschließlich gegen den amoklaufenden, zum System erhobenen, selbstgefälligen Dilettantismus, der nicht nur das Burgtheater, sondern das gesamte deutsche Theatergefüge dieser Generation zu zerstören droht.

Meine Polemik richtet sich ebenso gegen ahnungslose Politiker, die aus Furcht vor ebenso theaterfremden, "progressiven" Journalisten zu all den kostspieligen Katastrophen, die unser Theaterleben zerstören, gegen ihr besseres Wissen immer wieder "Ja und Amen" sagen.

Und sie richtet sich letzen Endes gegen den finsteren Provinzialismus, der jeden Vergleich mit international anerkannter Qualität scheut - oder gar nicht zur Kenntnis nimmt.

*

Das "alte" Ensemble des Burgtheaters hat unter Regisseuren wie Lindtberg, Strehler und Barrault (um nur drei Namen zu nennen) großartige Leistungen vollbringen können. Es waren Aufführungen, die zwar nicht zum "Berliner Theatertreffen" eingeladen, wohl aber vom Wiener Publikum geschätzt wurden.

Man sollte doch glauben, daß eine hochkarätige Schauspielergilde, die den Ansprüchen der drei genannten Herren genügt hat, auch den Ansprüchen von Regiestümpern aus der finsteren deutschen Provinz gerecht werden sollte.

Doch das erwies sich als Trugschluß. Plötzlich glaubt man, mit Ritter, Dene, Voss und Konsorten neue Maßstäbe setzen zu müssen. Und so kommen Aufführungen zustande, die sich auf dem Niveau von Studententheatern und Kellerbühnen der Sechzigerjahre bewegen.

Nichts gegen Studententheater, nichts gegen Kellerbühnen - aber die hatten wir schon. Und die verschlingen bekanntlich viel weniger Subventionen.

Womit wir beim Stichwort "Geld" angelangt sind.

Wie man weiß, stehen den diversen "Städtischen Bühnen" in Deutschland nicht mehr jene unbegrenzten Geldmittel zur Verfügung, die man noch vor wenigen Jahren mit vollen Händen zum Fernster hinauswerfen konnte. Der Sparstift wird angesetzt, Gürtel werden enger geschnallt - ja, in manchen Gegenden geht man sogar schon so weit, hin und wieder das zu spielen, was ein zahlendes Publikum wirklich zu sehen wünscht.

Unter diesen Umständen ist die Position, die Peymann sich und den Seinen in Wien schaffen konnte, ein unerwartetes Manna vom Himmel. Um diesen warmen Regen weiterhin genießen zu können, wird er noch viel heftigere Beschimpfungen zu akzeptieren haben, als jene, die ihm bisher von der Ensemblevertretung zuteil wurden. Denn eine Spielwiese, wie sie ihm Wien finanziert, findet er zur Zeit nirgendwo im deutschen Sprachraum.

Er wird also weiter bleiben. Mehr noch: er wird die vielen Millionen, die ihm und seiner Garde vertraglich zugesichert sind, mit Zähnen und Klauen verteidigen. Nicht, weil er sich hier so wohl fühlt, sondern weil er in keiner anderen Stadt eine solche Anhäufung von ahnungslosen und unverantwortlichen Politikern finden wird, die ihm ungestraft solche Privilegien zugestehen dürfen.

Zwar kommt hin und wieder ein Querulant, der ruft:

"Der Kaiser hat ja gar keine Kleider an!"

Dann versichern ihm die zuständigen Herren und Damen, daß er eben nichts vom "modernen" Theater verstünde, daß er sich endlich vom Althergebrachten lösen müsse und das Neue gefälligst zu akzeptieren habe, weil es neu ist.

Und das ist natürlich Unfug. Denn so "neu" ist das gar nicht, was uns die Peymänner bescheren. Es geht überhaupt nicht um den Gegensatz zwischen dem Alten und dem Neuen, ebensowenig wie es um den Antagonismus zwischen den Österreichern und den "Piefkes" geht.

Nein, was hier zur Debatte steht, das ist das zutiefst fundierte Mißtrauen, das Vollprofis immer schon gegen Ahnungslose hatten.

Aber wie soll ein Unterrichtsminister, ein Ministerialrat, ein Journalist, oder gar eine Kulturstadträtin das jemals verstehen? Sie alle sind doch selbst Dilettanten und stehen daher mit felsenfester Überzeugung im Lager Bochums.

Wäre ich ein Zyniker, würde ich sagen: Dort gehören sie auch hin.

*

Vor etlichen Jahren sah ich bei den Salzburger Festspielen eine Peymann-Inszenierung des Thomas Bernhardt-Stückes "Die Macht der Gewohnheit". Nicht, weil ich dieses Stück unbedingt sehen wollte, sondern weil es die einzige Veranstaltung war, zu der es noch Karten in unbeschränkter Menge gab - und das, obwohl es Samstag abend war.

Das kleine Landestheater war bestenfalls zur Hälfte besetzt. Was sich auf der Bühne abspielte, war so furchtbar, daß die kleine Schar von Zuschauern immer kleiner wurde. Ich war mit einigen Freunden im Theater, die in der Pause mit wildem Geschimpfe gemeinsam das Haus verließen. Ich beschloß als einziger, zu bleiben, nicht weil es mir so gut gefiel, sondern weil ich neugierig war, wie weit diese Publikumspflanzerei gehen würde.

Ich spazierte also in der Pause um das Landestheater herum und stieß zufällig auf die Souffleuse, die ebenso wie ich zigarettenrauchend den schönen Sommerabend genießen wollte.

"Na, wie gefällt's Ihnen?", wollte sie wissen.

"Wie es mir gefällt, ist nicht wichtig. Mich würde viel mehr interessieren, ob der Autor irgendwann gesehen hat, was sich auf dieser Bühne abspielt."

"Ja", sagte sie. "Der Herr Bernhardt war bei einer der letzten Proben hier."

"Und was hat er zu dieser Aufführung gesagt?"

"Das weiß ich zufällig ganz genau. Er hat gesagt, und zwar wörtlich: *Es ist genau so scheußlich, wie ich mir 's vorgestellt hab.*"

Und da beschloß ich, es meinen Freunden gleichzutun, und mir den Rest der Vorstellung zu ersparen. Ich bin seit damals allem, was auch nur andeutungsweise nach "Regietheater" roch, mit Überzeugung ferngeblieben - und ich bin sicher, nichts, aber auch schon gar nichts versäumt zu haben.

Es wird noch eine Weile dauern, bis es sich auch bei den verantwortlichen Politikern herumspricht, daß sie mit sehr viel Geld, das ihnen nicht gehört, etwas ermöglichen, das kein Mensch haben will, um Leuten gefällig zu sein, die sie nicht ausstehen können.

Hoffentlich wird es dann noch einige Theaterprofis geben...

Der Kobalek

Der Kobalek hieß eigentlich gar nicht Kobalek. Schon der Ursprung dieses Namens ist eine Anekdote, die wert ist, irgendwo festgehalten zu werden. Und weil sie von keinem Menschen bis dato zu Papier gebracht wurde, werde ich es eben versuchen.

Er war ein schmächtiges Kerlchen, klein gewachsen, hatte schüttere Haare, die immer fett waren, und auch sonst war er nicht gerade das, was man als Wunschtraum der Damenwelt bezeichnen würde. Wenn ich mich recht erinnere, war sein Vater Kohlenhändler, und wenn er einem Brotberuf nachging, dann half er seinem Vater, Kohlen auszutragen. Mit ein - vielleicht sogar entschuldbarer - Grund dafür, daß seine Fingernägel meist einen schwarzen Trauerrand trugen.

Wie er je an den Qualtinger kam, weiß ich nicht, aber irgendwann in den späten Vierzigerjahren dürfte er ihm über den Weg gelaufen sein, und diesen Weg gingen sie lange Zeit gemeinsam. Natürlich war es ein Weg, der - von etlichen Wirtshäusern und Schnapsbuden abgesehen - nirgendwohin führte, aber das störte die beiden nicht.

Noch nicht. Aber ich will der Chronologie nicht vorgreifen, ich wollte eigentlich berichten, wie der Otto Zokan zum Kobalek wurde.

Qualtinger schrieb damals für eine inzwischen längst eingestellte Tageszeitung hin und wieder Filmkritiken und besaß demgemäß einen Presseausweis. Außerdem war er mit der damaligen Sekretärin des PEN-Clubs befreundet, so daß er immer rechtzeitig erfuhr, wann es dort irgendeine Veranstaltung mit belegten Broten und freiem Alkohol gab.

Und so kam es, daß er eines Abends mit Presseausweis und seinem ständigen Mitläufer (der noch nicht Kobalek hieß) bei irgendeinem Empfang des PEN-Clubs, anläßlich eines ausländischen Ehrengastes auftauchte. Alle damaligen Berühmtheiten des Wiener Kulturlebens waren da. Dem festlichen Anlaß entsprechend, möglichst dunkel gekleidet. Nur zwei Herren fielen aus dem feierlichen Rahmen, was sie allerdings nicht im mindesten hinderte, am Buffet, sowie an den freien Getränken gebührend Anteil zu nehmen.

Sie mußten - höflichkeitshalber - mit vollen Mund einige, der bei solchen Anlässen üblichen Reden über sich ergehen lassen, und als sie sich einigermaßen gesättigt hatten, wollten sie unauffällig verschwinden. Aber noch bevor sie bei der Tür waren, wurden sie von einem literarischen Würdenträger aufgehalten, der nicht ganz zu Unrecht wissen wollte, wer die beiden Herren waren. Qualtinger holte bereitwillig seinen schleißigen Presseausweis aus der Gesäßtasche und reichte ihn wortlos dem Literaten. Nachdem dieser den Wisch mißtrauisch von allen Seiten begutachtet hatte, gab er ihn seufzend seinem Besitzer zurück und fragte mit mißbilligendem Blick auf den danebenstehenden Jüngling mit den ostentativ dreckingen Fingernägeln:

"Und wer - wenn ich fragen darf - ist dieser Herr?"

Jeder andere hätte vermutlich in so einer Situation irgend etwas Unverständliches gemurmelt und wäre zum Ausgang geeilt. Nicht so der Qualtinger. Er stellt sich in Positur und behauptete möglichst lautstark:

"Was, den Mann kennen Sie nicht?!"

Der Würdenträger verneinte wahrheitsgemäß, worauf Qualtinger crescendo verkündete:

"Das ist der bekannte Arbeiterdichter Veit Kobalek!"

Unter den Umherstehenden erklangen überraschte "Ahs" und "Ohs", einige kamen näher, um endlich einmal einen echten Arbeiterdichter aus der Nähe bestaunen zu können, doch ehe der verblüffte "Kobalek" irgend etwas sagen konnte, das vielleicht seinem eben entstandenen Image abträglich gewesen wäre, zog ihn Qualtinger hinaus. Dazu intonierte er unflätige Beschimpfungen über dieses "versnobte Pack", das eben nicht in der Lage sei, einen "wahren Arbeiterdichter" gebührend zu respektieren.

Diese Geschichte machte alsbald die Runde, wurde von Mal zu Mal mit weiteren Details ausgeschmückt, und mit der Zeit entstanden sogar einige Gedichte, die Qualtinger damals im PEN-Club als Kostproben von Kobaleks

Arbeiterdichtkunst rezitiert haben wollte. Mit der Zeit wurde es in unseren Kreisen sogar eine Art von Denksport, "Kobalek-Gedichte" zu schreiben. Eines zum Beispiel - ich weiß nicht mehr, wer es verbrach - schloß mit dem bemerkenswerten Satz:

"...des Heizers Weib flennt
An der rußigen Mole
Das Feuer, es brennt
Doch wer fühlt mit der Kohle?"

Wer immer gerade nichts Wichtiges zu tun hatte, schrieb ein "Kobalek-Gedicht". Der einzige, der nicht im Traum auf die Idee gekommen wäre, ein solches zu tun, war der besagte Kobalek selbst. Er hatte es auch nicht nötig, denn ihm genügte es vollauf, im Dunstkreis Qualtingers zu leben und berühmt zu sein.

*

Einige Zeit danach - mittlerweile waren die Fünfzigerjahre angebrochen - erhielt Qualtinger das Angebot, im damals renommiertesten Kellertheater Wiens - es war das "Theater am Parkring" - die Hauptrolle in Jura Soyfers "Broadway Melody 1492" zu spielen. Als Kobalek dies hörte, wollte er auch mitspielen.

"Aber Du bist doch in Deinem ganzen Leben noch nie auf einer Bühne gestanden", gab ihm Qualtinger zu bedenken.

"Wann i mir anschau, wie viel blöde Schauspieler es gibt, denk i mir immer, des bring i aa no z'samm", erwiderte der Arbeiterdichter.

Also wurde der Kobalek engagiert, den Schiffsjungen auf der "Santa Maria" zu spielen, sowie einige weitere kleine Chargenrollen. Und siehe da: er war zum Erstaunen aller Beteiligten nicht nur gut, er war sehr gut, stellenweise sogar großartig. Wieso, das weiß kein Mensch - aber an der Tatsache daß der Kobalek die "Entdeckung des Abends" war, war nicht zu rütteln.

Wenn ich mich recht erinnere, bekam er damals eine Abendgage von zwanzig Schilling. Die legte er auf höchst eigenartige Weise an: er mietete für zehn Schilling pro Abend in einem Kostümverleih eine Dienerlivree, die er einem arbeitslosen Kollegen aus seiner Kohlenträgerzeit verpaßte. Dieser bekam fünf Schilling Abendgage um Kobaleks Butler zu spielen. Er mußte ihm beim Umkleiden helfen, seine ausgelatschten Schuhe putzen, sein schleißiges Gewand bürsten und zwischendurch hatte er ihm Zigaretten und natürlich Schnaps zu holen. Daß Kobalek mit den verbleibenden fünf Schilling nicht auskommen konnte, das störte ihn nicht im mindesten, denn als erfolgreicher Schauspieler und Arbeiterdichter hielt er sich für kreditwürdig. Wann immer einer von uns leichtsinnig genug war, die Bühnengarderobe des "Theaters am Parkring" zu besuchen, kam er nicht ohne einen Obolus an den Kobalek davon. Kein Wunder also, daß mit der Zeit der Begriff des "Kobolus" entstand, womit verliehenes Geld bezeichnet wurde, von dem man genau wußte, daß man es nie wieder zu sehen bekommen würde.

Kobalek selbst hingegen lehnte den Begriff des "Kobolus" strikt ab. Er erfand eine ganz andere Bezeichnung für das erschnorrte Geld, und zwar den sogenannten "Zwoneff". So pflegte er nämlich eine Zwanzigschillingnote zu bezeichnen, und unter zwanzig Schilling nahm er nichts an, das hätte er als würdelos empfunden. Schließlich war ja auch nicht irgendwer. Er war - wie jedermann wußte - Arbeiterdichter und neuerdings auch Schauspieler - sogar mit eigenem Butler.

*

Danach verlor ich den Kobalek aus den Augen. Nicht etwa, weil sein "Ruhm" im Sinken war, sondern weil ich für einige Jahre ins Ausland ging. Als ich ihn nach meiner Rückkehr wieder traf - natürlich im breiten Windschatten des Qualtinger - war er, soweit möglich, noch selbstsicherer geworden. Zwar konnte er sich keinen Butler mehr leisten, denn es gab kein Kellertheater mehr, das bereit war, ihn zu engagieren, aber das schien ihn nicht weiter zu stören. Er fühlte sich nach wie vor als wesentlicher Bestandteil der Wiener Kulturszene, verteilte Zensuren, beurteilte Vorstellungen, die er nie gesehen hatte, und katalogisierte seine Mitmenschen entweder als "klasse Burschen" oder als "Arschlöcher". Wenn ich mich recht erinnere, gehörte ich der letzteren Kategorie an. Vor allem deshalb, weil ich für seinen (und Qualtingers) exzessiven Alkoholkonsum nicht das mindeste Verständnis aufbrachte.

Als ich 1956 das "Intime Theater" eröffnete, erließ ich ein striktes Alkoholverbot während der Vorstellungszeit, denn ich kannte meinen Qualtinger und wußte aus bitterer Erfahrung, wie ein sorgfältig geprobter Theaterabend nach einigen Gläsern Schnaps zum Chaos degenerieren konnte.

Nach einigen Wochen tauchte plötzlich der Kobalek in Qualtingers Garderobe auf. Ich dachte an nichts Böses, obwohl er eine Aktentasche bei sich hatte, ein Requsit, mit dem ich den "Arbeiterdichter" noch nie zuvor gesehen hatte.

Das schlaue Leser ahnt bereits, was mir damals verborgen blieb: die prall gefüllte Aktentasche enthielt eine Schnapsflasche, welche von beiden Herren zwischen den diversen Auftritten Qualtingers bis zur bitteren Neige geleert wurde. Dementsprechend chaotisch sah auch das Finale der Vorstellung aus

- aber ich will hier nicht die Qualtinger-, sondern die Kobalek-Story zu Papier bringen.

Kobalek bekam von mir ein strenges Hausverbot verpaßt und ich hoffte, ihn damit aus meinem Leben getilgt zu haben. Jedenfalls ging die Vorstellungsserie "Blattl vor'm Mund" reibungslos über die Bühne.

Eine Saison später arbeiteten wir an unserem neuen Programm "Glasl vor'm Aug" und nach einigen Wochen des Schreibens, Streichens und Umarbeitens waren wir endlich soweit, daß wir ans Besetzen der diversen Rollen gehen konnten. Nachdem die wesentlichen Rollen unter dem Stammensemble aufgeteilt waren, stellte sich heraus, daß wir noch einen Darsteller benötigen würden. Alle möglichen Namen wurden genannt und wieder verworfen. Wir saßen ratlos herum und warteten auf irgendein Wunder. Da plötzlich sagte Qualtinger:

"Wie wär's mit dem Kobalek?"

"Mach keine blöden Witze!"

"Nein, nein - ich mein' das ganz im Ernst", versicherte mir Qualtinger, "Du hast ihn in letzter Zeit nicht gesehen, er hat eine Entwöhnungskur hinter sich und ist ein anderer Mensch geworden, er rührt keinen Tropfen Alkohol mehr an."

"Es ist nur eine Frage der Zeit, bis er wieder anfängt", sagte ich - wissend wovon ich sprach.

"Natürlich wird er wieder anfangen, wenn er keine Chance bekommt, wenn niemand bereit ist, an ihn zu glauben. Aber Du hast doch damals im Parkring-Theater selbst gesehen, wie begabt er sein kann, wenn man ihn läßt. Ich bin sicher, wenn wir uns mit ihm zusammensetzen und ihm erklären worum es geht, wird er durchaus brauchbar sein."

Mir gingen langsam, aber sicher die Argumente aus. Außerdem hatte ich keinen besseren Vorschlag entgegenzusetzen, also gab ich nach.

Am nächsten Tag erschien ein nüchterner, demütiger, nahezu unterwürfiger Kobalek im Theater und die Probenarbeit begann. Soweit es sich um Prosaszenen handelte, war er schnell von Begriff und durchaus ausbaufähig. Ganz anders verhielt er sich bei Musiknummern. Nicht, daß er unmusikalisch gewesen wäre, er war ohne weiteres in der Lage, eine Melodie richtig nachzusingen. Aber wenn er das gleiche auf einer Bühne zu tun hatte, verließen ihn alle guten Geister. Entweder vergaß er den Text, oder die Melodie, oder beides. Von mühsam eingelernten Bewegungen ganz zu schweigen, er machte zum Erstaunen der Kollegen jeden Tag etwas Neues, das ihm kein Mensch einstudiert hatte. Wirklich präzise im Text war er eigentlich nur, wenn er mich regelmäßig um einen Vorschuß anging.

Nach einigen Probentagen äußerte ich gewisse Zweifel am Ausgang dieses Experimentes, aber Qualtinger beruhigte mich:

"Mach' Dir keine Sorgen, er braucht eben länger, als unsereiner, aber er wird sehr gut werden. Ich arbeite privat ständig mit ihm, gib ihm Zeit..."

Die Zeit, die ich gab, verging und nichts änderte sich. Außer, daß der Premierentermin immer näherkam und Kobaleks Unsicherheit im gleichen Verhältnis anstieg, wie unsere Nervosität.

Etwa zwei Wochen vor der Premiere kam ich ins Theater zur Probe und wurde von Qualtinger an der Eingangstür erwartet.

"Es tut mir leid, aber Du mußt den Kobalek hinausschmeißen, er ist stockbesoffen!"

Ich verbiß mir das naheliegende "Na, hab ich's nicht gleich gesagt?" Statt dessen schrie ich Qualtinger an:

"Ich soll ihn hinausschmeißen?! Der Kobalek ist *Dein* Freund, *Du* wolltest ihn unbedingt im Ensemble haben, Du willst ihn jetzt loswerden, also sag ihm das gefälligst selbst!"

"Wer ist hier der Direktor? Du oder ich?"

Auf diese rhetorische Frage gab es nichts zu erwidern. Ich ging also in Kobaleks Garderobe und teilte ihm mit, daß wir auf seine Mitarbeit keinen Wert legten.

Seine Reaktion war eine erstaunliche. Er ging auf mich zu, pflanzte sich so dicht vor meinem Gesicht auf, so daß ich schlagartig in eine Alkoholwolke eingehüllt war, dann sagte er nur ein Wort: "Oaschloch!"

Ich ließ ihn stehen und suchte die Kollegen auf, um zu beraten, wen wir an Kobaleks Stelle engagieren könnten. Während wir beratschlagten, wankte Kobalek auf uns zu und rief:

"Helmut, hast scho' gehört? Der Bronner will mi' rausschmeissen - laßt Du Dir das g'fallen?"

"Ich kann da gar nix machen", erwiderte Qualtinger, "er ist der Direktor."

Kobalek gab noch einige Unflätigkeiten von sich, dann ging er.

Nach kurzer Diskussion einigten wir uns auf einen Kollegen, der zufällig frei war, und der auch sofort bereit war, in der kurzen Zeit Kobaleks Part zu lernen.

Als ich das Theater nach einigen Probenstunden verließ und in mein Auto steigen wollte, stand plötzlich der Kobalek vor mir.

“Du bist Dir doch hoffentlich im Klaren darüber, daß Du eine Existenz zerstörst”, herrschte er mich an, sichtlich bemüht, hochdeutsch zu sprechen.

“Deine Existenz zerstörst Du Dir selbst mit Deiner Sauferei”, sagte ich und setzte mich ins Auto.

“Ich geb Dir bis morgen früh Bedenkzeit, um die Entlassung rückgängig zu machen, wenn nicht...”

“Na was ist, wenn nicht?” Ich erwartete insgeheim einen Prozeß beim Arbeitsgericht, eine Presseaussendung, oder ähnliche Aktionen. Doch er hatte anderes im Sinn:

“Wenn nicht, dann steig ich morgen aufs Dach und stürz mich auf Dein neues Auto!”

Ich nahm die Entlassung nicht zurück. Aber sicherheitshalber parkte ich meinen Wagen am nächsten Tag in einer Garage...

*

In den folgenden Jahren verlor ich den Kobalek aus den Augen. Wenn er mir hin und wieder über den Weg lief, legte er größten Wert darauf, mich nicht zu grüßen - was mich nicht weiter störte, denn es war unter anderem eine sichere Gewähr, von ihm nicht angeschnorrt zu werden.

Dann eines Tages aber - inzwischen waren die Siebzigerjahre angebrochen - passierte etwas völlig Unerwartetes:

Ich saß, nichts Böses ahnend, im “Gutruf” (einem sogenannten Künstlerlokal in der Wiener Innenstadt) und delektierte mich an einem vorzüglichen Gulyas, als die Tür aufging und der Kobalek mit einer besonders nett wirkenden, älteren Dame eintrat. Zu meinem größten Erstaunen machte der Kobalek einen frischgewaschenen Eindruck, wenn ich mich recht entsinne, trug er sogar eine Krawatte um den Hals und eine gebügelte Hose - er war kaum wiederzuerkennen. Natürlich grüßte er mich nicht, was ich eher mit Erleichterung zur Kenntnis nahm.

Trotzdem: der ungewohnte Anblick eines “geschneuzten” und “gekampelten” Kobaleks faszinierte mich so sehr, daß ich nicht umhin konnte, immer wieder zu ihm hinüberzublicken. Und so fiel mir auf, daß er mit der älteren Dame über mich zu sprechen schien. Mir schwante eher Düsteres, denn seine Erfahrungen mit mir waren nicht gerade dazu angetan, mir seine “gute Nachred” zu gewährleisten.

Da plötzlich erhob er sich und ging geradewegs auf mich zu, setzte sich unaufgefordert an meinen Tisch und sagte folgendes:

" Meine Mutter hat heut' Geburtstag und ich führ' ich sie ins "Gutruf" aus, damit sie einmal ein paar Künstler aus der Näh' sehen kann."

"Aha", sagte ich, "richt' ihr unbekannterweise meine Gratulation aus."

"Das genügt nicht", erwiderte er mit Bestimmtheit, "sie ist nämlich eine Verehrerin von Dir und möcht' Dich gern persönlich kennenlernen. Könntest' nicht vielleicht zu uns herüberkommen?"

Natürlich war meine erste Reaktion eine negative. Dann aber überlegte ich mir, daß die arme Frau ja nicht für alle Blödheiten ihres Sohnes zur Rechenschaft gezogen werden könne, also stand ich seufzend auf und wollte hinübergehen. Doch Kobalek hielt mich zurück.

"Da ist noch was: wenn Du mit meiner Mutter red'st, sag' ihr ein paar freundliche Sachen über mich, Du tät'st ihr eine riesige Geburtstagsfreude machen..."

Also ging ich mit ihm an den Tisch seiner Mutter. Er stellte vor:

"Das ist meine Mama - und das ist mein lieber, alter Freund, der Gerhard..."

Ich nahm Platz und begann zu lügen: "Wissen Sie, gnädige Frau, ich kenne Ihren Sohn schon seit vielen Jahren...eine wirklich interessante, sehr eigenwillige Begabung...leider oft mißverstanden - aber das hat er mit vielen bedeutenden Künstlern gemein..."

Die alte Dame blühte auf. Auch ihr interessanter, eigenwilliger Sohn begann zu strahlen. So sehr, daß er mich unvermittelt fragte:

"Darf ich Dich vielleicht auf irgendwas einladen?"

Hier begann die Geschichte für mich surreal zu werden. Ich verneinte höflich, gab noch einige freundliche Floskeln von mir und ging zurück an meinen Tisch.

An diesem Abend tauchte der Kobalek bei mir in der "Fledermaus" auf, grüßte freundlich von weitem und ließ mich durch den Kellner fragen, ob ich einige Minuten Zeit für ihn hätte.

Ich hatte. Schon aus Neugier.

"Weißt Du", begann er, "jetzt wo wir seit langer Zeit endlich wieder freundschaftliche Beziehungen miteinander pflegen, möcht' ich Dich fragen: hättest Du vielleicht einen Zwoneff für mich?"

Die Dernière

Eine Premiere feiern kann jeder. Egal, ob Grund zum Feiern vorliegt oder nicht. Sogar wenn man weiß, daß am nächsten Tag furchtbare Verrisse in den Zeitungen zu finden sein werden; wenn die Premiere einmal vorbei ist, wenn sich die Spannung nach wochen- oder monatelangen Proben endlich in jenes Gefühl verkehrt, das eine Mutter kurz nach einer Entbindung haben muß - dann feiert man eben. Und wenn sonst kein vernünftiger Grund zum Feiern vorliegt, dann feiern die Schauspieler - oft durchaus zurecht - daß sie ab morgen den Regisseur nicht mehr sehen müssen.

Im Kärntnertortheater aber wurde nicht die Premiere gefeiert, sondern die letzte Vorstellung einer Aufführungsserie, also die Dernière.

Solche Dernièrenfeiern wurden allerdings nicht nach der Vorstellung in irgendeinem Lokal abgehalten - auch das könnte schließlich jeder - nein, wir feierten während der Vorstellung und zwar auf offener Bühne, vor versammeltem Publikum.

Dieses Publikum wußte nicht immer, wie ihm geschah. Denn während einer Dernière war auf der Bühne alles erlaubt. Jeder der Mitwirkenden durfte nach Herzenslust outrieren und extemporieren, es war gestattet, Kollegen von anderen Theatern mit auf die Bühne zu bringen, die nach Lust und Laune in die Handlung eingreifen konnten - und als ob dies alles nicht genügt hätte, entstand im Verlaufe der diversen Dernièren auch noch die interessante Tradition, während des Spiels die Dekorationen zu zerstören.

So eine Dernière war - um es kurz und präzise auszudrücken - die reinste Anarchie.

Weil sich aber die schönste Dernièrengeschichte nicht auf, sondern hinter der Bühne abgespielt hat, fühle ich mich nahezu verpflichtet, sie in aller Ausführlichkeit zu erzählen.

*

199 Vorstellungen der Cabaret-Revue "Hackl vor'm Kreuz" waren einigermaßen korrekt und präzise über die Bühne gegangen, die zweihundertste Vorstellung sollte die letzte sein. Alle möglichen Kollegen wurden zum Mitspielen eingeladen, jedes Ensemblemitglied hatte sich schon die erstaunlichsten "Extempores" ausgedacht, sämtliche Karten im Haus waren schon seit Wochen ausverkauft - hauptsächlich an Stammgäste, die wußten, was sie zu erwarten hatten - da kam kurz vor Vorstellungsbeginn ein völlig unerwarteter Anruf aus dem Büro des damaligen SPÖ-Vorsitzenden und Vizekanzlers Dr. Bruno Pittermann:

Ob es noch möglich wäre, für den Herrn Vizekanzler zwei Karten bereitzustellen - gegen Bezahlung, natürlich.

Es war nicht leicht, aber irgendwie gelang es, noch zwei einigermaßen gute Plätze herbeizuzaubern.

Pittermann war von Anbeginn Stammgast unseres Hauses gewesen. Er hatte so ziemlich jede unserer Vorstellungen gesehen, auch "Hackl vor'm Kreuz", er wollte aber einmal einer Dernière beiwohnen, da er so viel Lustiges darüber gehört hatte.

Die erste Reaktion der Kollegen auf das Erscheinen eines Regierungsmitglieds war eine negative:

"Der Pittermann wird uns die ganze Hetz' an der Freud' ruinieren", sagte der eine.

Ein anderer fügte hinzu: "Im Moment, wo einer von den Großkopferten unten sitzt, vergeht einem die Lust am Blödeln."

"Im Gegenteil", erwiderte ich, "wir werden den Pittermann einladen, mitzuspielen."

"Das macht der nie im Leben!"

"Und ob er das macht", sagte ich und ging in den Zuschauerraum, um den "Großkopferten" zu begrüßen.

Ich erklärte ihm kurz das Prinzip unserer Dernièrentradition, daß alle möglichen Prominenten, die nicht das mindeste mit der Vorstellung zu tun hätten, heute mitspielen würden, und fügte hinzu, daß es ein absoluter Höhepunkt des Abends wäre, wenn er auch kurz auf die Bühne kommen könnte, um irgendeine wohlvorbereitete Pointe abzuliefern.

Wie nicht anders zu erwarten, erklärte sich Pittermann bereit, in der Pause hinter die Bühne zu kommen, um die Details seines Auftritts mit uns zu besprechen.

Als ich dies den Kollegen mitteilte, brach allgemeiner Jubel los, und die Stimmung war gerettet.

Die Vorstellung begann, und der übliche Schabernack fand statt. Unter dem Gaudium der Zuschauer wurden während der Dialoge die Kulissen zerlegt, einige Ensemblemitglieder der benachbarten Staatsoper kamen auf die Bühne, um in seltsamen Gewandungen mitzusingen, Inge Konradi trat auf, Josef Meinrad kam, Heinrich Schweiger erschien auf der Bühne und vergaß prompt sein wohlvorbereitetes Extempore, worauf ihm Kurt Sobotka geistesgegenwärtig aus der Patsche half, indem er verkündete:

"Der sagt nie was, das ist ein großer Schweiger."

Mit anderen Worten: es ging alles seinen "gewohnten" Gang.

Dann aber geschah etwas Unvorhersehbares.

Helmut Qualtinger hatte aus unerfindlichen Gründen einen Menschen mit ins Theater gebracht, der ihm vor einigen Wochen "zugelaufen" war. Es handelte sich um einen pensionierten Friseur namens Jerzabek, einen Halbkretin in der Größe von etwa anderthalb Metern, der zudem einen unnachahmlichen Sprachfehler hatte (er konnte zugleich stottern, lispeln und hölzeln), und als ob das nicht genügt hätte, war er so kurzsichtig, daß er nur in den seltensten Fällen wußte, wo er war - und warum.

Qualtinger - befragt, was er für einen Narren an diesem Jerzabek gefressen hätte - sagte, daß er ihn studieren müsse, der Mann wäre ein so unglaubliches Unikum, daß er normalerweise nur mit sich selbst zu besetzen wäre.

Während die übrigen Kollegen anlässlich der Dernière die seltsamsten Requisiten, wie Hacken, Masken, Spritzpistolen, sowie ein lebendes Huhn ins Theater mitgebracht hatten, um der Vorstellung Würze zu verleihen, begnügte sich Qualtinger mit einem einzigen Ingrediens: er brachte den Jerzabek.

Und zwar nicht nur ins Theater - nein, er brachte ihn auf die Bühne. In einer Szene hatte er einen Auftritt, der normalerweise folgendermaßen zu lauten gehabt hätte:

"Kinder, ich komm grad aus dem Burgtheater, dort war's fad!"

An diesem Abend aber trat er mit Jerzabek im Schlepptau auf und sagte: "Kinder, ich komm grad aus dem Burgtheater. Damit's net so fad is', hab ich Euch den Hochwälder mitgebracht!"

Fritz Hochwälder, der zurecht hochangesehene Autor, der solche Bühnenerfolge wie "Das heilige Experiment" und "Der öffentliche Ankläger" verfaßt hatte, sah natürlich ganz anders aus, als der besagte Jerzabek. Das einzige, was die beiden Herren gemeinsam hatten, war die geringe Körpergröße. Wenn Hochwälder aufstand, war er knapp anderthalb Meter hoch - genau, wie Jerzabek.

"Hochwälder", alias Jerzabek betrat also die Bühne und erhielt vom Publikum, das natürlich keine Ahnung hatte, wie Hochwälder wirklich aussah, einen freundlichen Achtungsapplaus, den er überhaupt nicht zur Kenntnis nahm. Er setzte sich vielmehr auf den einzigen freien Stuhl, den er finden konnte. Dieser Stuhl war nicht durch Zufall frei. Er war nämlich präpariert, um bei der geringsten Tuchfühlung mit einem Gesäß zusammenzubrechen.

Es geschah das Unausbleibliche: Jerzabek brach mit dem Stuhl ein (Gelächter im Zuschauerraum) und blieb sitzen, als ob nichts geschehen wäre. Er tat nichts. Er saß nur teilnahmslos auf der Bühne herum und wartete gottergeben darauf, daß er von Qualtinger - oder sonst von wem - wieder woanders hingebracht würde.

Irgendwie ging diese Szene zu Ende und kurz danach war Pause.

Pittermann kam, wie versprochen hinter die Bühne, begrüßte das Ensemble, verteilte einige Komplimente und dann besprachen wir, wie sein "Auftritt" auszusehen habe. Wir teilten ihm mit, wann er auf die Bühne zu kommen hätte und was sagen sollte. Er memorierte kurz seinen Text, wir veranstalteten eine kleine Probe und dann wollte er wieder in den Zuschauerraum zurückkehren.

Beim Hinausgehen lief er aus unerfindlichen Gründen plötzlich dem Jerzabek über den Weg. Fast wäre Pittermann an ihm achtlos vorbeigeeilt, dann aber besann er sich, kam noch einmal zurück, ergriff Jerzabeks Hand, schüttelte sie und sprach:

"Mein lieber, verehrter Freund Hochwälder! Ich freue mich ganz besonders, Sie endlich einmal persönlich kennenlernen zu dürfen...ich darf Sie doch *Freund* nennen? Wissen Sie, ich bin seit vielen Jahren einer Ihrer größten Verehrer, habe keines Ihrer Stücke am Burgtheater ausgelassen...ich glaube, daß wir einander viel zu erzählen hätten, aber leider...die Zeit drängt, der zweite Teil beginnt gleich und den möchte ich nicht versäumen...wissen Sie was? Rufen S' mich doch irgendwann in den nächsten Tagen im Bundeskanzleramt an, und wir setzen uns auf einen Kaffee zusammen, gut? Also dann...auf Wiedersehen, ich kann Ihnen gar nicht sagen, wie ich mich über diese Begegnung freue!"

Er wandte sich noch einmal dem versammelten Ensemble zu, winkte leutselig und verschwand durch die Tür in Richtung Zuschauerraum.

Wir alle, die wir dieser Tirade lauschen durften, haben nur mit größter Anstrengung das Lachen verbeißen können. Aber kaum, nachdem die Tür hinter Pittermann geschlossen war, brach eine Lachsturm los, der kein Ende nehmen wollte.

Alle Anwesenden schüttelten sich vor Lachen - bis auf einen: Herr Jerzabek blieb völlig ernst und sah sich verständnislos um.

"Warum lachen s' denn alle?" fragte er verwirrt.

Qualtinger fragte ihn: "Wissen Sie eigentlich, wer das war, der Ihnen da die Hand geschüttelt hat?"

"Naa", erwiderte Jerzabek wahrheitsgetreu.

"Das war der Vizekanzler von Österreich."

"Wer?" Jerzabek konnte sich darunter nichts vorstellen.

“Na, der Pittermann”, rief Qualtinger und bekam einen neuen Lachanfall, in den alle Anwesenden einstimmten.

Endlich begann auch Jerzabek verlegen zu lächeln. Dann sagt er:

“Gehn S’, Herr Qualtinger...Sie machen immer so blöde Witz’...”

An diesem Abend sind noch viele unvorhergesehene, zum Teil wirklich komische Dinge auf der Bühne passiert. Aber die Pointe, die sich in der Pause hinter der Bühne ergeben hatte, war leider nicht zu überbieten.

Pittermann trat, wie geplant auf und lieferte seine Pointe unter tosendem Applaus des Publikums ab.

Auch wir auf der Bühne bogen uns vor Gelächter, was Pittermann gefällig zur Kenntnis nahm.

Er konnte nicht wissen, daß wir noch immer über sein Gespräch mit “Hochwälder” lachten.

Übrigens: Jerzabek saß auf der Seitenbühne, beobachtete Pittermans Auftritt und verzog keine Miene...

NACHTLEBEN

"Die Sonne sticht, die Vögel brüllen und die Blumen stinken."

Ausspruch eines Barbesuchers beim Verlassen der "Fledermaus" im Morgengrauen.

Die meisten Leute gehen nach dem Hauptabendprogramm des Fernsehens schlafen. Nur ganz selten, bei besonderen Anlässen - oder bei dem, was sie dafür halten - brechen sie aus dieser Routine aus, um dem zu frönen, was sie unter "Nachtleben" verstehen. Dann ziehen sie sich Gewänder an, in denen sie sich nicht wohl fühlen können, um sich selbst und ihrer Mitwelt etwas vorzutäuschen, das nichts mit der Realität zu tun hat.

Ihre Vorbilder beziehen sie meist aus schlechten Filmen, oder aus ebensolchen Illustrierten. Harmlose Hausfrauen schlüpfen in die Rolle der "femme fatale" und ihre Gatten, bei Tag unbescholtene Kleingewerbetreibende, versuchen sich wie James Bond zu benehmen. Friseurlehrlinge beiderlei Geschlechts betragen sich so, als säße am Nebentisch ein Filmproduzent, von dem sie entdeckt werden wollen. Der scheinbare "Filmproduzent"' am Nebentisch ist aber nur ein müder Ehekrüppel in den zweitbesten Jahren, der einen Abend lang bestrebt ist, dem Pantoffel seiner Gattin zu entrinnen.

Jeder spielt jedem etwas vor. Das Rollenschema ist seit eh und je festgelegt wie in der *Commedia del arte*. Die Akteure wissen, daß sie spielen - ebenso wie ihre jeweiligen Gegenspieler es wissen. Aber trotzdem geht das Spiel weiter. Nacht für Nacht, ohne festgelegten Text, ohne Regisseur, ohne Happy End - aber immer mit den gleichen, meist unfreiwilligen Komikern.

Natürlich gibt es auch ein Publikum bei diesem Spiel. Das besteht aus den Profis der Nacht. Es sind die Kellner, die Musiker, die Disc-Jockeys, die Garderobe- und Toilettefrauen, die Animierdamen, Blumenverkäufer und Taxichauffeure, die Hotelportiers - kurz all jene, deren Arbeitstag bei Nacht beginnt. Sie sind es, denen das "große Leben" vorgespielt wird, ihnen will man imponieren, indem man mehr Geld ausgibt, als man eigentlich zur Verfügung hat - und sie leben davon, daß sie so tun, als würden sie glauben, was man ihnen vorspielt.

Denn bei Nacht verlieren die Menschen den Respekt vor ihrem schwer erworbenen Geld. Sie orientieren sich an ihren Idolen aus Filmen und Illustrierten, die offensichtlich jederzeit unbeschränkte Geldmittel zur Verfügung haben. Für eine Flasche Sekt, die im Supermarkt den Gegenwert von vier bis fünf Straßenbahnfahrscheinen bedeutet, zahlt man in einer Bar ohne mit der Wimper zu zucken das Zwanzig- bis Dreißigfache.

Warum? Das hat mir noch kein Mensch erklären können. Ich möchte sogar noch einen Schritt weitergehen und die Behauptung aufstellen, daß die meisten Besteller einer Sektflasche das darin enthaltene Gesöff gar nicht mögen. Wenn es nach ihnen ginge, würden sie viel lieber einen vernünftigen, reschen Wein bestellen. Aber wie schaut denn das aus? Schießlich sitzen am Nebentisch Leute, die Sekt trinken (er schmeckt ihnen natürlich ebensowenig) und "was die sich leisten können, das können wir noch lang..."

Dazu kommt, daß der befrackte Herr Ober auf eine Sektbestellung ganz anders reagiert: er simuliert gekonnt eine ergebene Ehrerbietigkeit, er tut so, als habe er es mit besseren Menschen zu tun - und das bewirkt, daß man sich schlagartig besser vorkommt. Natürlich gibt es auch von dieser Regel Ausnahmen: nämlich die Leute, denen es wurscht ist, was ein Kellner über sie denkt. Aber um so weit zu gelangen, muß man wirklich wer sein. Und wer ist das schon?

*

Ich erinnere mich an einen (damals) jungen Mann aus orthodox-jüdischem Hause, der zum ersten Mal in seinem Leben in eine Bar verschleppt wurde. Die Gesellschaft, in er sich befand, bestand aus übermütigen, jungen Playboys mit weiblichem Anhang. Wie er in diese Gesellschaft geriet, ist mir bis zum heutigen Tag rätselhaft geblieben, Tatsache aber ist, daß er wie ein Mensch von einem anderen Stern in dieser Runde saß und sich dementsprechend unwohl fühlte.

Es waren schon etliche Sektflaschen geleert worden, an denen der Neuling im Nachtleben eher widerwillig mitgenascht hatte. Es war gegen drei Uhr früh, als der Wortführer der Runde dem Novizen zurief: "Joschi, jetzt ist's höchste Zeit, daß Du auch eine Flasche Schampus bestellst!"

Joschi begann sich zu winden: "Erstens schmeckt mir das gar nicht, und zweitens ist es schon so spät..."

Eine der Damen schlang ihren Arm um Joschis Hals. "Aber wer wird denn auf die Uhr schauen? Die Nacht ist noch lang' nicht zu Ende..."

"Aber ich bin schon sehr müde", beharrte Joschi, "ich möcht' nach Haus gehen."

Hier schaltete sich der Wortführer ein: "Das ist nur eine Ausrede. Du willst Dich davor drücken, eine Flasche Sekt zu bezahlen!"

Die Dame ergänzte: "Was kostet denn schon so ein Sekt? Für Dich ist das doch nur eine Kleinigkeit!"

Und das stimmte sogar: Joschi war viel wohlhabender, als alle anwesenden Playboys zusammengenommen. Er seufzte tief auf, dann sagte er:

"Kleinigkeit hin, Kleinigkeit her - was immer so ein Sekt kostet - bei Tag ist das Geld!"

Sprach's, stand auf und ging.

Einige Wochen später erfuhr ich, daß Joschi Eigentümer eines Nachtlokals geworden war.

Der Karl

Eigentlich sollte diese Geschichte einen ganz anderen Titel haben, und zwar: "Wie ich dem Wiener Bürgermeister das Leben rettete."

Klingt doch viel spektakulärer, oder nicht?

Aber erstens will ich mich nicht unnötig in den Vordergrund spielen und zweitens möchte ich der Chronologie nicht vorgreifen, daher begnüge ich mich mit dem eher nichtssagenden Titel (siehe oben): "Der Karl"

Eines Abends kam ich in die "Fledermaus" und fand dort an der Bar sitzend einen etwa dreißigjährigen Mann vor, der sich vom üblichen Klientel des Lokals grundlegend unterschied. Er steckte in einem viel zu eleganten, dunkelblauen Anzug, der aus allen Nähten zu platzen schien, denn er war offensichtlich nicht für seine Muskelmassen maßgeschneidert. Ferner hatte er zwei Narben im Gesicht. Eine auf der Nase, eine zweite auf der Stirn. Und als ob dies noch nicht genügt hätte, den Herrn von meinen gewohnten Gästen grundlegend zu unterscheiden, trank er auch noch echten französischen Champagner - und zwar aus einem Bierglas.

Ich wollte natürlich Näheres über diesen seltsamen Gast in Erfahrung bringen und dachte über das Eröffnungsgambit eines eventuellen Gesprächs nach. Aber diese Mühe hätte ich mir sparen können, denn der Muskelmann nickte mir freundlich zu und sagte:

"Servas, Gerhard!"

Ich schluckte kurz, dann fragte ich:

"Entschuldigen Sie, kennen wir uns eigentlich?"

"Na, Du kennst mi' natirli' net, aber i kenn Di' wia mein Bruadern - wann i an hätt'."

“Wenn Sie mir vielleicht erklären wollten...”, setzte ich schüchtern an - aber ich kam nicht weiter, denn mein Gegenüber fiel mir folgendermaßen in die Rede:

“Jetzt hör endlich auf mit dem g’schissenen *Sie* und sag *Du* zu mir. I bin der Karl.”

“Karl...und?”

Meine Frage nach seinem Familiennamen blieb in der Luft hängen:

“Spiel da kan Untersuchungsrichter. Karl genügt!”

Damit ergriff er meine Hand und vermittelte mir schlagartig das Gefühl, in einen Schraubstock geraten zu sein.

Einen Schmerzensschrei unterdrückend, sagte ich:

“Pardon, mit der Hand muß ich heute noch Klavierspielen.”

“Was?” rief er freudig aus, “Klavierspielen kannst auch? Du g’fallst ma immer besser!”

Ich überlegte kurz, was das wohl für ein guter Bekannter sein könnte, dem es bis dato verborgen geblieben war, daß ich eine gewisse Beziehung zum Klavier hatte.

“Woher kennen Sie...pardon...woher kennst Du mich eigentlich so gut?”

“Vom Radio”, erklärte er ohne Umschweife. “Die letzten acht Jahr’ hab i Dir jeden Mittwoch zuhören müssen.”

“Wieso müssen?”

“Weil der Gefängnisleiter bestimmt hat, was ma hören dürfen und was net. Dei’ Sendung hat eahm g’fallen - wieso waaß i net - alsdann hab’n alle Züchtling’ jeden Mittwoch “Schlager für Fortgeschrittene” g’hört. Am Anfang hab i ma ‘dacht: na ja, a typische Zuchthausmusik, aber mit der Zeit hab i mi dran g’wöhnt. Zum Schluß hat’s ma eigentlich ganz guat g’fallen, Dei’ Sendung.”

Die wesentlichste Information, die ich diesem verwahrlosten Kompliment entnahm, war wohl die, daß ich mich einem Mann gegenübersah, der die letzten acht Jahre zugegebenermaßen im Zuchthaus verbracht hatte. Dortselbst hatte er - wie ich später erfuhr - auch die Narbe auf seiner Nase erworben. Ein Mithäftling schien sich an dieser festgebissen zu haben, aber - wie mir der Karl treuherzig versicherte - “der beißt in sein’ Leben nimmer, zumindest net mit die eigenen Zähnd’”.

Die Narbe auf der Stirn hingegen dürfte der Anlaß für seinen achtjährigen “Urlaub” gewesen sein. Es handelte sich um eine Meinungsverschiedenheit mit einem Berufskollegen, der drauf und dran war, dem Karl seine einträglichste "Strichkatz" auszuspannen. Der Verteidiger plädierte zwar auf Notwehrüberschreitung, der Richter aber schloß sich der Meinung des Staatsanwaltes an und verurteilte den Angeklagten zu acht Jahren Kerker. Bei guter Führung wäre er vielleicht früher herausgekommen, aber der Karl - seinen eigenen Angaben nach ein Mann von Charakter - zog es vor, seinen gewohnten Lebensstil beizubehalten.

Jedenfalls war er nun seit einigen Tagen wieder in Zirkulation und schickte sich gerade an, eine neue Existenz aufzubauen. Unter anderem suchte er alte Freunde auf - wie zum Beispiel mich.

"Brauchst net an eleganten Außeschmeißer?" fragte er.

Ich verneinte mit dem Hinweis, daß sich die Besucher der "Fledermaus" im allgemeinen eher gesittet betragen würden.

"Sowas kann sich von heut' auf morgen ändern", versicherte mir der Karl, der offensichtlich wußte, wovon er sprach, "Da waaßt ja net, was für Verbrecher in der Stadt herumrennen."

Zugegeben, bis zum Zeitpunkt dieses Gespräches hatte ich wenig Anlaß, mir zu dieser Thematik allzuviele Gedanken zu machen, nun aber wäre ich dankbar gewesen, wenn ich einen "eleganten Rausschmeißer" gehabt hätte, der in der Lage gewesen wäre, mich von diesem seltsamen Champagnergast zu befreien.

Dieser aber dachte nicht daran zu gehen. Er bestellte sich vielmehr einige Spezialtoasts, die er mit bestem Appetit verzehrte. Zwischendurch gab er mir einige Tips, wie der Umsatz des Lokals zu heben wäre.

Er machte sich etwa erbötig, mir einige leichtgeschürzte Damen zu besorgen, die zwanglos über die Bar verteilt, die männlichen Gäste zu höherer Konsumation animieren könnten. Seine (Karls) Beteiligung würde ein Drittel des Umsatzes nicht übersteigen.

Ich dankte höflich und nahm irgendeinen fadenscheinigen Anlaß wahr, mich anderen Gästen zu widmen. Von Zeit zu Zeit warf ich einen sorgenvollen Blick zur Bartheke, von wo mir der Karl mit seinem champagnergefüllten Bierglas freundlich zuprostete. Er hatte sich übrigens schon eine zweite Flasche bestellt.

Es kam, wie es kommen mußte: nach etwa einer Stunde flüsterte mir einer meiner Kellner ins Ohr, daß sich der Herr an der Bar weigerte, seine Rechnung zu begleichen. Und zwar mit der Begründung, daß er ein alter Freund des Chefs wäre, und sich als eingeladen betrachtete.

Was tun? Die Polizei zu Hilfe rufen, wäre sinnlos, denn bis zum Eintreffen derselben wäre der Karl längst über alle Berge. Ihn mit Gewalt festzuhalten, hätte einer Todesverachtung bedurft, die niemand bereit war, an den Tag zu legen. Also entschied ich mich für den kostspieligen Weg des geringsten Widerstandes und ließ ihn gehen.

Am nächsten Abend war er wieder da. Diesmal mit einer nicht mehr ganz taufrischen Dame, die ihre Verwitterungserscheinungen mit einer langen blonden Perücke und einer hemmungslosen Kriegsbemalung zu übertünchen suchte.

"Das ist meine Braut, die Desirée", stellte er vor, "Sie ist eine große Verehrerin von Dir und möcht' Dich gern kennenlernen."

Ich murmelte einige freundlich klingenden Töne in ihre Richtung und drückte eine schlaffe Schweißhand.

"Der Karl hat mir viel von Ihnen erzählt, Herr Brauner..."

Meine "große Verehrerin" kannte also nicht einmal meinen Namen. Daher beschloß der Karl, einzugreifen:

"Das ist nicht der Herr Brauner, Du Zechen", belehrte er seine Braut, "sondern mei' Freund der Gerhard. Per Sie is' ma vielleicht mit an Richter, aber net mit an anständigen Menschen.

"Alsdann wann das so is'", Desirée erhob ihr Glas, "dann... Servas, Gerhard! - Aber Du hast ja nix zum Anstoßen...so könn' ma ja net Bruderschaft trinken. Nimmst halt das Glasl vom Karl."

Mit diesen Worten schenkte sie mir einen sinnlich sein wollenden Augenaufschlag, reichte mir Karls halbvolles Bierglas und neigte sich mir bedrohlich entgegen, was zur Folge hatte, daß mir ein viel zu tiefer Einblick in ihr abgegriffenes Dekolleté zuteil wurde.

In diesem Moment ging die Tür auf und einige Stammgäste betraten das Lokal. Dies nahm ich zum willkommenen Anlaß, mich von demTête-à-Tête mit Desirée zu lösen. Höchst ungern nur male ich mir aus, wie die Geschichte sonst weitergegangen wäre.

Ich geleitete also die Neuankömmlinge an einen Tisch und setzte mich sicherheitshalber dazu - nicht, ohne hin und wieder einen besorgten Blick an die Bartheke zu werfen.

Dort spielte sich inzwischen Eigenartiges ab: der Karl stieß seine Baut vom Barhocker und deutete ihr mit beredten Gesten an, daß sie das Lokal verlassen solle. Sie ging kurz hinaus, kam sogleich wieder zurück, trank ihr Champagnerglas leer, warf es auf den Boden und suchte das Weite.

Ich ging an die Bar, um mich zu erkundigen, was da los gewesen wäre. Der Karl gab mir bereitwillig Auskunft:

“Aber nix war...i hab das Grammel ins G’schäft g’schickt, damit a Geld ins Haus kummt...weil vom Schmähführen kannst ja net leben...da stellt sie sich her und macht mir so an Zirkus. Es is’ ma wirklich peinlich. Aber wann s’ heut auf d’Nacht haamkummt, werd ich ihr a paar Hausdetsch’n umhängen müassen, damit wieder a bissel a Zucht und a Urdnung einkehrt - und das hinige Glasl, das schreibst ma auf d’Rechnung, ja?”

Ich teilte ihm mit, daß das Schreiben der Rechnung nicht in mein Ressort fiele, sondern in das des Kellners.

“Guat, daß’d mi’erinnerst: könntest ma a paar Kilo leihen, bis die Desi a Geld haambringt? Waaßt, es is’ mir so peinlich, daß i dem Ober kaan Schmattes geben kann...”

Ich zog seufzend die verlangten zwei Hundertschillingnoten hervor und reichte sie ihm.

Als er eine Stunde später ging, zahlte er seine Zeche natürlich wieder nicht, wohl aber gab er dem Ober ein stattliches Trinkgeld von zwanzig Schilling.

Einige Abende später war er wieder da. Zu meinem größten Erstaunen zog er 200 Schilling hervor und überreichte sie mir mit einer ungeheuren Grandezza.

“Waaßt, Schulden haben - des vertrag’ i net! Schon gar net bei an Freund...da bin i sehr genau, verstehst? Oder wia ma so sagt: Gute Rechnung - strenge Freunde.”

Sprach’s und wandte sich dem Barmann zu, um eine Flasche Pommery, ein Bierglas und einen Spezialtoast zu bestellen.

Einige Tage später kam er “nur auf einen Sprung” herein, um sich schnell einen “Fetzen” auszuborgen, wobei er mich dezent daran erinnerte, daß er das vorige Mal seine Schuld auch pünktlich zurückerstattet habe.

Wofür er denn so dringend 1.000 Schilling benötige, wollte ich wissen.

“Im Café Rabl rennt a Stoßpartie”, erklärte er, “da geht’s um die Wurscht, mei’ Liaber - wann i durt g’sund aussteig, dann kauf i Dir morgen Dei’ Beisel ab.”

Er kam am nächsten Abend nicht, um mir die “Fledermaus” abzukaufen. Auch nicht, um seine Schulden zu begleichen. Er kam auch nicht am übernächsten Abend. Auch in den folgenden Wochen ließ er sich nicht blicken - und das war mir eigentlich mehr wert, als 1.000 Schilling.

*

In diesen Jahren produzierte ich regelmäßig für das Österreichische Fernsehen eine satirische Sendung mit dem Titel “Das Zeitventil”. Wie es sich für zeitkritische Satire geziemt, hatte diese Reihe nicht nur Anhänger, sondern auch Gegner - besonders in der rechten Reichshälfte des Landes.

Nun begab es sich, daß als Folge eines Volksbegehrens die altgewohnte Ordnung (oder Unordnung) des Fernsehens über den Haufen geworfen wurde, und eine neue Führungsgarnitur unter der Leitung eines ehemaligen HJ-Führungsoffizieres an die Macht kam. Eines Mannes übrigens, der von sich selbst behauptete, der heimatlosen Rechten anzugehören.

Das einzige "linke" Aushängeschild der neuen Führungsgarnitur war der neue Fernsehintendant, den wir der Einfachheit halber Schestak nennen wollen.

Um unter Beweis zu stellen, daß nun eine neuer Wind von rechts durch das Fernsehen wehte, setzte er kurz nach seinem Amtsantritt meine eben fertiggestellte Folge des "Zeitventils" ab. Und zwar unter dem interessanten Hinweis, daß diese Sendung nicht den künstlerischen Anforderungen der neuen Führungsgarnitur entspräche.

Ich erfuhr dies natürlich nicht von der neuen Führungsgarnitur, sondern aus der Zeitung. Wutschnaubend setzte ich mich ans Telephon, rief die APA, die Austria Presse Agentur, an und gab eine geharnischte Stellungnahme von mir. Etwa des Inhalts, daß die, bis dahin stattgefundenen künstlerischen Aktivitäten des neuen Fernsehintendanten, diesen nicht im mindesten befähigten, eine gute von einer schlechten Sendung zu unterscheiden, etc.

Der Intendant ließ sich natürlich nicht lumpen und gab eine mindestens ebenso geharnischte Gegendarstellung von sich, in der er jeden Gedanken an Zensur auf das schärfste von sich wies, dafür aber von erhöhten Forderungen an die Programmqualität sprach und von einer Verantwortung dem zahlenden Publikum gegenüber, die es einfach nicht zulasse, irgendwelche Dilettanten unter dem Deckmantel der Zeitkritik weiterhin Amok laufen zu lassen.

Die Gazetten stiegen mit größtem Vergnügen in dieses Wortgefecht ein. Sie schrieben einerseits von "Unterdrückung der Meinungsfreiheit", andererseits von einem "willkommenen Qualitätsbewußtsein" - je nachdem, ob der jeweilige Schreiber vom heimatlosen rechten oder linken Lager bezahlt wurde.

Uneingeschränkt hinter dem Fernsehintendanten stand natürlich die "Kronen- Zeitung", die als einzige seine verbalen Angriffe gegen mich vollinhaltlich abdruckte und sicherheitshalber noch einige wenig schmeichelhafte Kommentare - meine Person betreffend - hinzufügte.

Mir war klar, daß ich irgend etwas unternehmen müßte, aber ich hatte keine wie immer geartete Idee.

*

Als ich an diesem Abend eher mißmutig in die "Fledermaus" kam, saß an der Bar "mein Freund", der Karl. Sobald er mich erblickte, sprang er vom Barhocker, stürzte auf mich zu und schrie:

"Sag mir, wo er wohnt, der Pülcher, i leg Dir'n um!"

"Pssst", versuchte ich ihn zu beschwichtigen, "von wem oder was redest Du überhaupt?"

"Blöde Frag' - i red von dem Scheißintendanten, dem G'frast, dem elendigen: Was der über Dich in der Kronenzeitung g'schrieben hat, dafür g'hört er durch a Kanalgitter passiert! Sag mir, wo er wohnt und i erledig Dir des - jetzt auf der Stell...!"

"Aber...", versuchte ich ihm ins Wort zu fallen - doch ich kam nicht weiter.

"I waaß, was D' sagen willst: normalerweis' verrech'n i für so a Hacken mindestens zehn Fetzen, aber Dir mach' i's umsunst, weil Du bist mei Freund. Außerdem bin i Dir eh no a Geld schuldig. Also sag scho', wo er wohnt, der Hund!"

Ich tat, als würde ich nachdenken - nein, ich dachte wirklich nach. Die seltsamsten Gedanken schwirrten mir durch den Kopf, darunter auch einige, an die mich nur höchst ungern erinnere.

Nach einigen Sekunden, die mir wie Stunden erschienen, sagte ich dem Karl, daß ich die Adresse nicht wüßte.

Das war sicherlich eine der edelsten Lügen, die ich in einem ziemlich turbulenten Leben jemals von mir gegeben habe.

Der Karl wandte sich enttäuscht von mir ab, um sich dem Pommery in seinem Bierglas zu widmen.

Und der Fernsehintendant blieb am Leben. Er sattelte übrigens mit der Zeit auf einen anderen Beruf um: er wurde Politiker, als solcher mauserte er sich sogar bis zum Bürgermeister von Wien und satirische Fernsehsendungen interessieren ihn überhaupt nicht mehr - außer natürlich, wenn er erwähnt wird. Dann kann er - dem Vernehmen nach - sehr böse werden.

Wenn er nicht erwähnt wird, kann's passieren, daß er noch böser wird - aber das gehört in ein anderes Kapitel; denn dieses ist dem Karl gewidmet.

Der Karl kam danach nur noch selten in die "Fledermaus". Als Peter Wehle sein Buch über die Wiener Gaunersprache schrieb, habe ich ihn mit dem Karl kurzgeschlossen. Dies hatte zur Folge, daß ein nicht unwesentlicher Teil von Karls Vokabular zwischen Buchdeckeln verewigt wurde.

Eines Abends, nach einer längeren Unterredung mit Peter Wehle, fragte mich der Karl, in welche Richtung ich heimzufahren gedenke.

Ich sagte westwärts.

"Wos waaß denn i, wo Westen is'", erwiderte der Karl angewidert. "Kummst beim Naschmarkt vorbei?"

Ich bejahte.

"Dann nimm mi' mit, i will mir ka Geld fürs Taxi ausleihen müssen."

Er stieg in mein Auto und ließ sich zum Naschmarkt bringen. Unterwegs machte er mißmutige Konversation,

"Die Zeiten sind aa nimmer, was's amal war'n. Mei' G'schäft wird immer schwerer."

"Wieso?"

"Wegen der Scheiß Emanzipation. Die Weiber wer'n heutzutag immer unsittlicher. Zuwas soll a Mensch aner Hur a Geld hinblatteln, wann er an jeder zweiten Ecken an Hasen umasunst vernaschen kann? Neulich is' aane von meine Strichkatzen von der Arbeit haamkumman und hat si' von mir a Geld ausleihen wollen! Wann des so weitergeht, dann geh i wieder in Häfen z'ruck. Durt kann mir sowas net passieren..."

Kurz danach waren wir am Naschmarkt angelangt, der Karl bedankte sich für die "Gratisfuhr" und verschwand in einem obskuren Kaffeehaus.

Zwei Tage später entnahm ich einer kurzen Notiz auf der Lokalseite einer Wiener Zeitung, daß sich in diesem Lokal eine Messerstecherei unter Zuhältern abgespielt habe. Es gab einen Toten.

Sein Name: Karl Feitsinger.

So erfuhr ich zum ersten Mal seinen Familiennamen.

Den Namen des Fernsehintendanten nenne ich übrigens nicht. Von mir aus heißt er weiterhin Schestak.

Ich glaube, das bin ich dem Karl schuldig.

Zwerge auf Stelzen

Mit Journalisten habe ich mir immer schon schwer getan. Nicht, weil sie käuflich sind - das sind fast alle Menschen, wenn der Preis stimmt - sondern weil sie nicht umhin können, im Laufe ihrer Berufstätigkeit größenwahnsinnig zu werden.

Ich habe Journalisten einmal "Zwerge auf Stelzen" genannt - und ich fürchte, daß ich das näher erklären muß:

Da kommt zum Beispiel ein innenpolitischer Redakteur irgendeiner auflagenstarken Zeitung zum Bundeskanzler, um ihn zu interviewen. Selbstverständlich empfängt ihn der Kanzler höflich, bietet ihm vielleicht einen Kaffee an, erkundigt sich sogar - während die Sekretärin den Kaffee holt - nach dem Wohlbefinden seines Besuchers, mit anderen Worten: der Herr Redakteur hat nach einiger Zeit das Gefühl, mit Seinesgleichen zu verkehren.

Was der Herr Redakteur aber völlig außer acht läßt, das ist die Tatsache, daß der Kanzler nicht einen Moment lang auf die Idee käme, mit dem Schreiberling privat zu verkehren, wäre dieser nicht ein Sprachrohr zu einigen hunderttausend Lesern, also potentiellen Wählern. Und nur zu diesen ist der Kanzler freundlich; der Herr Redakteur persönlich interessiert ihn vordergründig kaum.

Die Leser eines Massenmediums sind also die "Stelzen" auf denen ein Zwerg steht, um mit einer bedeutenden Persönlichkeit Kontakt haben zu können. Das vergißt aber der Zwerg nach einiger Zeit - sofern er überhaupt jemals daran gedacht hat. Die Folge davon? Der Zwerg dünkt sich, ein Riese zu sein, der mit allen bedeutenden Menschen des Landes auf einer Stufe steht. Er wird mit zunehmendem Maße überheblicher, herablassender, glaubt, sich alles erlauben zu können, und tut es auch - kurzum: er wird zum Inbegriff all dessen, was ich nicht ausstehen kann.

Zwar weiß ich mich mit meiner Abneigung gegen Journalisten in allerbester Gesellschaft, aber kaum einer davon konnte (oder wollte) es sich leisten, seine Aversion öffentlich kundzutun. Ich hingegen tanzte - wie so oft im Leben - auch aus dieser Reihe, also hatte ich bei der "Journaille" des Landes kein leichtes Leben; und das ist bis zum heutigen Tag so geblieben.

*

Von allen journalistischen "Wadlbeißern", die mir im Laufe der Jahre übel mitgespielt haben, gebührt wohl jenem "Gesellschaftsreporter" einer kleinformatigen Massenzeitung, der sich "Adabei" nennt, die Krone. Ich kenne ihn lange - viel zu lange - und weiß, daß er vor vielen Jahren das Talent gehabt hätte, ein wirklich guter Reporter zu werden. Was er schrieb, war fundiert, gut recherchiert und kam in den meisten Fällen der Wahrheit so nahe, wie sie von den meisten Zeitungslesern gerade noch verdaut werden konnte. Er hatte das, was man eine "aussichtsreiche Zukunft" zu nennen pflegt, er hätte vielleicht mit der Zeit sogar etwas schreiben können, das verdient hätte, zwischen Buchdeckeln gedruckt zu werden - aber es sollte anders kommen.

Die besagte Massenzeitung bot ihm an, ihr Gesellschaftskolumnist zu werden, und er nahm das Angebot an. Von da an ging's mit ihm bergab. Er schrieb nicht mehr über relevante Themen der Innen- oder Außenpolitik, sondern er schilderte in bewegten Worten, was die (Gräfin) Hexi (von) Leistenbruch vom (Fürsten) Stupsi (von) Gallenstein zu ihrer Geburtstagsparty geschenkt bekam und welches Starlet gerade mit dem bekannten Sex-Filmproduzenten Anatol Kotzenbrock in welches überraschte Bett fiel. Seine Leserschar vermehrte sich im gleichen Ausmaß, wie sein einstiges Talent dahinschwand und so wurde er das, was man in gewissen unbedarften Kreisen einen "Starkolumnisten" zu nennen beliebt.

Als solcher wurde er von einer Party zur nächsten gereicht, verkehrte mit den "Spitzen der Gesellschaft" auf *Du* und *Du*, und kam sich mit der Zeit so wichtig vor, wie es kein Zeitungsschreiber je sein kann. Die Metamorphose vom Zwerg zum Salonlöwen verursachte bei ihm naturgemäß einige Defekte. Sein durchaus berechtigter Minderwertigkeitskomplex im Verein mit den ungezählten Gratisgetränken, die auf den endlosen Parties ausgeschenkt wurden, ließ ihn zum Gewohnheitstrinker werden. Seine Leserschar merkte davon natürlich nichts und die jeweiligen Gastgeber (die es sehr wohl merkten) nahmen's in Kauf. Vor allem deshalb, weil kein anderer da war.

Als mich einmal eine neureiche Dame zu einer Party einlud, versuchte sie, mir die Einladung besonders schmackhaft zu machen, indem sie mir am Telefon aufzählte, wer alles an Prominenz kommen würde. Und als Krönung der Aufzählung fügte sie hinzu:

"Und der Adabei hat auch zugesagt!"

"Wozu brauchen Sie den Adabei bei Ihrer Party?", wollte ich wissen.

"Na hören Sie", erwiderte die Funze reichlich pikiert, "wenn mein Mann schon so viel Geld für ein gesellschaftliches Ereignis ausgibt, dann will er auch, daß das am nächsten Tag in der Zeitung steht, sonst hat ja niemand was davon."

Die Party fand ohne mich statt. Und zwei Tage danach konnte ich beim Adabei lesen, was ich alles nicht versäumt hatte. Trotzdem: offensichtlich muß irgendwer irgendwas davon gehabt haben.

Was? Das ist aus der Kolumne leider nicht hervorgegangen.

*

Ich könnte nun mit spielerischer Leichtigkeit die nächsten zehn Seiten füllen, indem ich einen Bruchteil der Unwahrheiten beschreibe, die der besagte Adabei im Laufe der Zeit über mich verbreitet hat. Die meisten seiner Elaborate waren so falsch, daß nicht einmal das Gegenteil davon gestimmt hätte. Aber erstens will ich meine verehrten Leser nicht langweilen, und zweitens habe ich die meisten dieser kurzbeinigen Zeitungsenten schon längst verdrängt.

Wohl aber ist es mir ein Bedürfnis, die Ursache seines nahezu biblischen Hasses auf mich zu enthüllen: vor vielen Jahren schrieb er - wie so oft - irgendeinen Nonsens, der nicht einmal mich betraf, und ich sprach ihn in der "Fledermaus" darauf an. Es entspann sich ein kurzer Wortwechsel, der darin kulminierte, daß er wütend das Lokal verließ und mir androhte, es nie wieder zu betreten.

Es war eine Drohung, die ich mit Würde zu tragen wußte. Hin und wieder liefen wir einander über den Weg und vermieden sorgfältig, einander zu grüßen.

Dann eines Abends mietete eine Filmverleihfirma mein Lokal, um dort eine Premierenfeier zu veranstalten. Es sollte wieder einmal ein "gesellschaftliches Ereignis" werden und alle halbseidenen Prominenten der Wiener Filmwelt waren eingeladen.

Natürlich auch der Adabei.

Er nahm an einem Tisch Platz, an dem einige junge Starlets saßen und bestellte - selbstverständlich auf Kosten der Veranstalter - eine Flasche Whisky. Es dauerte nicht allzu lange, bis diese oder jene Dame an seinem Tisch leicht aufkreischte, was die diversen Vortragenden, welche die Veranstalter für diesen Abend engagiert hatten, ziemlich aus dem Konzept brachte. Ich ging also hin und ersuchte die Herrschaften leise, ihr Desinteresse an der Veranstaltung nicht so ostentativ zur Schau zu stellen und etwas ruhiger zu sein.

Adabei erwiderte in voller Lautstärke, daß ich nicht der Veranstalter dieser Feier wäre, ihm daher nichts anzuschaffen hätte. Sprach's und wandte sich einem der kreischenden Starlets zu. Er füllte ihr Glas nach, ebenso wie das seine, und die "Party" nahm ihren Lauf.

Kurze Zeit später stand eine der jungen Damen auf und ging Richtung Toilette. Adabei sah ihr kurz nach, dann stand er ebenfalls auf, um ihr nachzuschwanken.

Eine Schreckminute später war das Mädchen wieder da, um sich bei mir zu beklagen, daß "dieser unmögliche Mensch" ihr gefolgt sei und versucht hätte, in obszöner Weise handgreiflich zu werden.

Verärgert und meiner Hausherrenpflicht nachkommend, eilte ich hinaus und stellte ihn zur Rede. Er lallte etwas von einer "blöden Gans", die keinen Spaß verstünde und wollte wieder zurück an seinen Tisch. Ich ließ es aber nicht so weit kommen. Ich packte ihn mit einer Hand am Kragen, mit der anderen am Hosenboden und beförderte ihn eigenhändig auf die Straße.

Zwei Tage danach war in seiner Kolumne zu lesen, daß die Premierenfeier in der "Fledermaus" völlig mißglückt sei, weil man eben in so einer Bruchbude keine repräsentative Veranstaltung durchführen könnte. Aber sogar wenn man bereit wäre, das heruntergekommene Ambiente der "Fledermaus" in Kauf zu nehmen, dann sorge der überhebliche Hausherr ständig dafür, daß man sich nicht einen Moment lang ungezwungen unterhalten kann, geschweige denn, die Darbietungen des Abends zu genießen.

Von einem Intermezzo auf der Damentoilette war kein Wort zu lesen.

*

Von diesem Tag an ließ er keine Gelegenheit verstreichen, irgend etwas Abträgliches über mich zu schreiben. Und wenn sich keine Gelegenheit ergab, dann ersann er etwas. Bekanntlich kann man sich mit der Zeit an so ziemlich alles gewöhnen, also gewöhnte ich mich auch daran, regelmäßig in Adabeis Kolumne verunglimpft zu werden.

Irgendwann kam ein wohlmeinender Kollege zu mir, rühmte sich der Tatsache, daß Adabei einer seiner besten Freunde sei, und machte sich erbötig, mich mit diesem zu versöhnen. Ich lehnte dankend ab. Das für mich Erstaunlichste an diesem Angebot war die unerwartete Entdeckung, daß Adabei auch Freunde hatte.

Einige Zeit später sollte ich erfahren, wie sich diese Freunde im Praxistest verhielten:

Es war wieder einmal das Fest der "Goldenen Kamera" und alles, was beim Fernsehen Rang und Namen hatte, war "vorgeladen". Der offizielle Teil war vorbei und die Künstlerschar saß über mehrere Tische verteilt gemütlich beisammen, um den "Schmäh" rennen zu lassen. Plötzlich tauchte ein ziemlich angesäuselter Adabei auf und setzte sich unaufgefordert zu einem der Tische. Er ließ sich einen doppelten Whisky kommen und versuchte zunächst, dem Gespräch der Kasperln zu folgen. Als ihm dies nach einem weiteren Whisky zu kompliziert wurde, schlief er ein.

Für die Umsitzenden, die wußten, wer oder was der Adabei war, war das nicht weiter verwunderlich, man nahm es einfach zur Kenntnis und ignorierte ihn.

Die launige Konversation ging munter weiter, bis sie unerwarteterweise von einem dumpfen “Plumps” unterbrochen wurde. Es stellte sich heraus, daß der alkoholisierte Adabei vom Stuhl gefallen war und unter dem Tisch lag.

Einer der Anwesenden - es war jener wohlmeinende Kollege, der mich seinerzeit mit dem Adabei versöhnen wollte - sprang erschrocken auf und rief:

“Um Gotteswillen, es wird ihm doch nichts Ernsthaftes passiert sein!”

“Aber nein”, beruhigte ihn an anderer, “er schläft nur seinen Rausch aus.”

“Aber das geht doch nicht”, rief der gute Samariter, “wir können ihn doch nicht einfach unterm Tisch liegen lassen...”

“Warum nicht?”

“Weil ich das nicht zulassen kann. Schließlich bin ich mit ihm befreundet. Ich werde ihn jetzt in mein Auto tragen und nach Hause führen.”

“Das halte ich für einen Leichtsinn”, gab der Zweifler zu bedenken.”Wenn Du ihn jetzt in Dein Auto verfrachtest, wird er es Dir erstens vollkotzen und zweitens kann er Dir nicht einmal dankbar sein, weil er morgen in der Früh keine Ahnung haben wird, wer ihn nach Haus’ gebracht hat - also wozu das Ganze?”

“Da hast Du eigentlich recht.”

Mit diesen Worten ließ der selbstlose Freund des Adabei denselben wieder unter den Tisch gleiten, es machte zum zweiten Mal “Plumps”, er nahm seinen Platz ein und die Unterhaltung ging weiter, so als ob nichts geschehen wäre.

Und da hab’ ich mir gedacht: wenn man es nach all den Jahren des Wadlbeißens und Stichelns nicht weiter gebracht hat, als zu solchen Freunden, dann ziehe ich es vor, Feinde zu haben.

Zum Beispiel jenen der *Zwerge auf Stelzen*, der sich Adabei nennt.

Die leichten Damen

Warum die leichten Damen "Leichte Damen" genannt werden, das war mir eigentlich immer schon schleierhaft. Sie haben nämlich kein leichtes Leben - eher das Gegenteil.

Über dieses älteste Thema der Welt sind schon zahllose Bände von Literatur geschrieben worden, und ich habe nicht die leiseste Absicht, etwa mit Honoré de Balzac und seinem Standardwerk über den "Glanz und das Elend der Kurtisanen" in den Ring zu treten.

Trotzdem: die vielen Jahre, die ich im halbseidenen Nachtleben verbracht hatte, gewährten mir in dieses Gewerbe einen Einblick, den Monsieur Balzac ganz sicherlich nicht gehabt haben dürfte - und wenn, dann einen gänzlich anderen.

Daher fühle ich mich nahezu verpflichtet, zumindest einen Teil dessen, was ich über dieses heikle Thema in Erfahrung bringen konnte, mit meinen Lesern zu teilen. Ob sie es mir jemals danken werden, weiß ich natürlich nicht, denn im Verlaufe dieses Kapitels kann es passieren, daß etliche Vorurteile einer gutbürgerlichen Leserschaft über den Haufen geworfen werden - aber darauf kann ich keine Rücksicht nehmen. Vorurteile verdienen nichts Besseres.

Ich glaube, daß zunächst einmal erklärt werden sollte, warum ich mich berufen fühle, dieser vielbeschriebenen Thematik neue Aspekte hinzuzufügen. Oder einfacher ausgedrückt: warum ich glaube, über leichte Damen mehr zu wissen, als der übliche Normalverbraucher derselben.

Die Erklärung geht am ehesten aus einer Begebenheit hervor, die sich in den grauen Anfangszeiten meiner Karriere zugetragen hat. Ich war 1948 - kurz nach meiner Rückkehr nach Wien - in einem "noblen" Wiener Nachtlokal als Pianist engagiert und hatte dortselbst nicht nur die übliche Tanzmusik zu spielen, sondern auch das "Programm" zu begleiten. Dieses bestand aus den gängigen Varieténummern mit Zauberern, Jongleuren, Akrobaten, Tanzpaaren, etc. - und als Höhepunkt gesellte sich eine sogenannte "Schönheitstänzerin" dazu.

Mit dieser hehren Bezeichnung wurden damals Damen tituliert, die nie im Leben Tanzen gelernt hatten, als Ausgleich dieses Mankos jedoch bereit und willens waren, ihren Busen völlig unverhüllt zur Schau zu stellen. Heute würde man ganz einfach "Stripperin" sagen und ungerührt zur Tagesordnung übergehen - damals aber galt ein weibliches Wesen "oben ohne" noch als höchst anrüchige Sensation.

Eines Tages tauchte im Ensemble eine solche Schönheitstänzerin auf, die sich "Phryne" zu nennen beliebte. In Wirklichkeit hatte sie irgendeinen polnischen Namen, den außer ihr kein Mensch richtig aussprechen konnte. Sie war nicht mehr die Jüngste - nicht einmal die Zweitjüngste - ihr Busen jedoch konnte sich sehen lassen - und er tat es auch, allabendlich mindestens zweimal.

Diese Phryne fiel aber auch anderweitig aus dem Rahmen des üblichen Programms, denn sie legte Wert darauf, ihre "Schönheitstänze" zu klassischer Musikbegleitung zu vollführen. Christian Sindings "Frühlingsrauschen" war zum Beispiel eine ihrer Paradenummern. Das machte mir keine sonderliche Mühe, weil ich dieses Werk - wenn auch nur mühsam - irgendwann in meiner Kindheit zu spielen gelernt hatte. Eines Tages aber kam sie auf die Idee, ein Nocturne von Chopin vertanzen zu wollen, was zur Folge hatte, daß ich ernsthaft üben mußte. Zu allem Überfluß hatte sie noch Sonderwünsche, von denen Frederic Chopin sicherlich nicht begeistert gewesen wäre. So mußte ich an gewissen Stellen, wenn sie ihre riesigen Pfauenfedern vom Busen abhob, ein völlig unmotiviertes "ritardando" einflechten, bei gewissen Drehungen mußte ich ebenso unmotiviert schneller werden, und als ob dies alles noch nicht genügt hätte, mir das Leben zu erschweren, wurde ich auch noch angehalten, an einer bestimmten Stelle Blickkontakt mit ihr zu suchen, denn wenn ihr das Publikum aus irgendwelchen Gründen nicht zusagte, dann mußte ich das letzte Drittel des Nocturnes überspringen und gleich auf den Schluß übergehen. In solchen Fällen pflegte sie den Musikern während ihrer Darbietung zuzuraunen: "Heute wollen sie mich alle am Arsch lecken, die geilen Schweine - aber ich laß' sie nicht!" Sie war eben eine höchst empfindsame Künstlerin, die Phryne.

Am Abend der "Premiere" hatte ich natürlich die Stelle vergessen, an der ich den besagten Blickkontakt suchen sollte, daher wollte ich kurz vor Phrynes Auftritt in ihre Garderobe gehen, um letzte Instruktionen von ihr zu erhalten.

Ich klopfte zwar an ihre Tür, wartete aber kein "Herein!" ab, sondern trat gleich ein, weil die Zeit drängte. Eine Schrecksekunde lang sah ich das Hinterteil einer splitternackten Phryne vor mir, die gerade im Begriff war, sich ihre hohen Stöckelschuhe anzuziehen, dann vernahm ich einen spitzen Schrei des Erschreckens und schlug - mindestens ebenso erschreckt - die Tür wieder von außen zu. Gleich darauf vernahm ich durch die Tür folgendes:

"Wer war das?"

Ich nannte verlegen meinen Namen. Darauf sagte die Künstlerin:

"Ach so...komm' nur herein - ich hab' geglaubt, es ist ein Mann!"

*

Bis zu diesem Moment habe ich mich eigentlich immer für einen Mann gehalten, der in der Lage ist, einen solchen zu stellen, wenn es darauf ankommt. In den Augen dieser sechstklassigen Stripperin aber war ich etwas anderes, nämlich ein Musiker, also ein Bestandteil ihrer Welt. Einer Welt, in der andere Gesetze zu gelten schienen, ungeschriebene, doch ungemein strikte Gesetze, an die ich mich erst mühsam gewöhnen mußte.

So zum Beispiel bedurfte es einiger Umstellungszeit, ehe ich bereit war, zu akzeptieren, daß sämtliche Animierdamen des Etablissements - wir wollen es "Trocadero" nennen - selbstverständlich mit mir per *Du* verkehrten. Mehr noch: sie zogen mich in ihr Vertrauen, beklagten sich bei mir über so manche perverse Sonderwünsche ihrer Separéegäste, über unfaires Verhalten der Kolleginnen - und vor allem über die Habgier ihrer jeweiligen Zuhälter.

Zum Beispiel kam eines Abends eine gewisse Rosi zu mir und bat mich, für sie einige größere Banknoten in Verwahrung zu nehmen, die ihr ein besonders spendabler Gast für ihre Schwerarbeit im Separée gegeben hatte.

Warum sie das Geld nicht bei sich behalten wolle, fragte ich sie.

"Weil mir der Franzi, der sierige Hund jeden Groschen, den i haambring' glei' wegnimmt. I kann mir nix auf d'Seiten legen..."

Dafür hatte ich Verständnis und erlärte mich bereit, allabendlich einen Teil ihres Verdienstes für sie zu sparen.

Im Verlaufe einiger Wochen sammelte sich bei mir eine stattliche Summe an, über deren Höhe die Rosi genau Buch führte. Das "Buch" mußte ich sicherheitshalber auch für sie aufbewahren, denn der Franzi pflegte sie täglich, wenn sie von der Arbeit heimkam, mit aller Gründlichkeit zu durchsuchen.

Dann bat mich die Rosi ganz unerwartet, sie tags darauf in einem Café zu treffen, um ihr das ersparte Geld zu geben.

"Warum erst morgen?" wollte ich wissen.

"Frag net so blöd", wies sie mich zurecht, "wann i heut mit der Marie haamkumm, nimmt er mir's glei' weg und i hab umasunst g'spart."

Das leuchtete mir ein. Also traf ich mich mit der Rosi tags darauf in einem Kaffeehaus auf der Praterstraße, überreichte ihr ihre schwer verdienten Ersparnisse und fragte sie, was sie mit dem Geld zu tun gedachte.

Ich hätte mir vorstellen können, daß sie damit in ihre steirische Heimat flüchten würde, um der unappetitlichen "Arbeit" in den Separées und vor allem den Fängen ihres Zuhälters zu entrinnen. Doch sie hatte anderes im Sinne.

"Der Franzi hat morgen Geburtstag", vertraute sie mir an. "und er wünscht sich schon so lang' eine goldene Uhr..."

*

Die Separées des “Trocadero” wurden von den dort arbeitenden Damen - nicht durch Zufall - “Bleibergwerk” genannt. Denn die dort stattfindende Tätigkeit war kein Honiglecken.

“Wenn einer mit einem Mädel ins Separée geht, dann stimmt was net mit ihm”, erklärte mir Sonja, eine der Veteraninnen des Hauses.

“Wieso?”

“Ein anständiger Mensch zwickt sich auf der Kärntnerstraßen a Hur auf, geht mit ihr ins Stundenhotel, zahlt, erledigt sein G'schäft und schleicht sich heim zu seiner Alten. Aber einer, der vorher stundenlang Schmäh führen muß und für den Champagner dreimal so viel ausgibt, wie die Hur auf der Kärntnerstraßen verlangt, das ist entweder ein Trottel oder er ist pervers oder er ist impotent. - Meistens ist er alles zusammen.”

“Warum bist Du dann nicht auch auf der Kärntnerstraße?”

“Das halten meine Füß' nimmermehr aus”, erklärte sie mir. “Nach einer Stund' auf der Gassen bin ich so fertig, daß ich mich nimmer rühren kann. Das haben die Kunden net gern, die wollen a Bewegung im Bett, sonst sind s' enttäuscht. Einmal ist's mir passiert - ich war schon hundsmüd an dem Abend - da hat ein Gast so lang gebraucht, daß ich unter ihm eing'schlafen bin. Der hat doch glatt sein Geld zurückverlangen wollen...da hab' i g'wußt, es ist Zeit für's Bleibergwerk. Da kann man wenigstens den ganzen Abend bequem sitzen, man friert net ein, wann der Winter kummt und zwischendurch hört man Musik...”

Eine junges Mädchen, das erst seit wenigen Tagen im “Trocadero” tätig war, kam aus einem der Separées heraus und gesellte sich zu uns.

“Na, wie war's?”, wurde sie von Sonja gefragt

“I weiß net...”, antwortete die Novizin nach einer längeren Nachdenkpause.

“Was ist das für eine blöde Antwort? Du warst doch dabei - oder vielleicht net?”

“Schon, aber...”

“Na red endlich - oder scheiß' Buchstaben!” herrschte sie Sonja an.

Die Junge dachte noch eine Weile nach, dann faßte sie Mut und stellte folgende unerwartete Frage:

“Sag einmal, Du bist doch schon länger im G'schäft...was heißt das eigentlich...platonische Liebe?”

“Platonische Liebe? Ui - sei vorsichtig!”

“Warum? Ist das was Perverses?”

“Viel ärger”, wurde sie von Sonja belehrt, “das heißt, er will nix zahlen.”

*

Die von der erfahrenen Sonja so liebevoll beschriebene Kärntnerstraße war damals der sogenannte "Nobelstrich". Die dort amtierenden Damen waren meist jünger, hübscher und vor allem besser gekleidet, als jene, die am Gürtel oder gar in den Praterauen ihrem Geschäft nachgingen. Allerdings galt diese Regel nur bis Mitternacht, also bis die erste Besetzung ausverkauft war. Danach kam nämlich die "zweite Garnitur" zum Zug. Jene Damen also, die schon bessere Zeiten gesehen haben - und das schon vor längeren Jahren. Die Damen der zweiten Garnitur waren niemals unter einer Straßenbeleuchtung anzutreffen, denn je undeutlicher man sie wahrnehmen konnte, desto größer waren ihre Chancen, einen Kunden zu ergattern. So ein Kunde mußte entweder schwer besoffen sein, oder - und das war die Norm - er hatte irgendwelche "Sonderwünsche", denen nur jene Damen Rechnung trugen, die sich's nicht mehr leisten konnten, so einen Klienten zum Teufel zu jagen.

Mit einer solchen Exponentin der "zweiten Garnitur" - einer gewissen Elsi - kam ich einmal spät des Nachts beim Würstelstand ins Gespräch. Nachdem ich ihr eröffnet hatte, daß ich Musiker war, betrachtete sie mich als "Insider" und begann von ihrer Schwerarbeit zu erzählen.

Und so erfuhr ich zum Beispiel, daß es einen angesehenen Geschäftsmann gab, der einmal monatlich zu ihr kam, um sich drei Knöpfe auf den nackten Bauch nähen zu lassen. Ein anderer Stammkunde war ein Staatsanwalt, dessen heißester Wunsch es war, in Ketten gelegt zu werden - ehe sie etliche unbeschreibliche Dinge an ihm verrichten mußte.

"Glaub' mir's Burli", Elsi pflegte sie nicht nur mich, sondern alle Angehörigen des männlichen Geschlechts so anzureden, "a Vergnügen is' wieder was andres. Jetzt bin i bald dreißig Jahr bei dem G'schäft, aber 's gibt Sachen, an die g'wöhnt man sich nie."

Ich fragte sie, ob sie sich in all den Jahren nicht genügend Geld erspart hätte, um etwas anderes - oder besser noch - gar nichts zu tun.

"Schon", versicherte sie mir, "aber was soll i in der Nacht mit mir anfangen? Wann i allein daheim bleib', dann werd' i narrisch. Und was andres anfangen, hat ja kan Sinn...i hab ja nix G'scheites g'lernt...am Strich hast wenigstens a Ansprach' - wenn schon gar nix andres."

Eines Nachts kam ich nach der Arbeit zum Würstelstand, um mich zu stärken. Da plötzlich hörte ich lautes Geschrei. Ich ging dem Lärm nach und erblickte Elsi, die gerade eine wesentlich jüngere Berufskollegin an der Gurgel festhielt, während sie unermüdlich mit einem Schirm auf sie losdrosch und dazu folgendes brüllte:

"I werd' Dir helfen, Du G'frast - a anständiges Madl ums G'schäft bringen...!"

Elsi hat offensichtlich an diesem Abend kein Geschäft gemacht - aber dafür konnte sie sich wenigstens "a Ansprach'" verschaffen.

*

Worüber sich die Elsi an jenem Abend so aufgeregt hat, ist mir erst nach einigen Recherchen bekanntgeworden.

Es gibt unter den Damen des horizontalen Gewerbes so etwas wie einen Ehrenkodex, der besagt, daß Sex nicht in Vergnügen ausarten darf. Mit einem Kunden ins Bett zu gehen, ist schön, gut und erstrebenswert - vorausgesetzt, daß man dies aus geschäftlichen Gründen tut. Wenn sich aber eine untersteht, anläßlich einer solchen Transaktion einen Lustgewinn zu verspüren und das vielleicht auch noch herumerzählt, dann wird sie von den Kolleginnen gemieden, wie die schwarze Pest.

Einen Orgasmus (so sagen diese Damen) darf man simulieren - bei guten Kunden soll man dies sogar tun - aber ihn wirklich zu erleben, gilt nicht nur als Dilettantismus, nein das geht gegen die Berufsehre. Einer solchen Außenseiterin wird von ihren Kolleginnen nachgesagt, daß sie eine "weiße Leber" habe.

Ein Mädchen mit "weißer Leber" gilt als unberechenbar. Wenn ihr ein Kunde gefällt, oder wenn er irgendwelche überdurchschnittlichen Qualitäten aufweist, dann kann's passieren, daß sie mit ihm unentgeltlich mitgeht, und tiefer kann man eigentlich nicht sinken - das besagt zumindest der oberwähnte Ehrenkodex des Strichs.

Ich bin mit dem von der Elsi verprügelten Mädchen einige Tage danach ins Gespräch gekommen, und sie klagte mir ihr Leid:

"I versteh diese Trampeln net. Wann man sich scho' mit an wildfremden Menschen abstrudeln muaß, dann will man doch auch was haben davon, oder net? Wen geht das was an, ob's mir an Spaß macht, oder ob i dabei nur ans Geld denk, so wie die andern?"

Ich fragte sie, ob der viele "Spaß" nicht vielleicht auf die Dauer ein bißchen ermüdend wäre.

"Nie im Leben", versicherte sie mir im Brustton der Überzeugung, "wann mir das net g'fallen tät, dann hätt' i ja bei mein' Verlobten bleiben kännen. Der war bei der Post, a Briefträger...schon a netter Kerl, aber der war immer so hundsmüd nach der Arbeit, daß i zu nix kommen bin. Höchstens am Samstag hat er a Straferl z'sammbracht und den Rest der Zeit hab i durch die Finger schaun müssen. Dann hab i's a zeitlang mit an Straßenbahner probiert, der is mir ständig fremdgangen. Da hab i mir 'dacht, was der Trottel kann, des kann i no' lang. Der erste, mit dem i mi' revanchiert hab, war komischerweis' scho' wieder a Briefträger...der hätt mi sogar heiraten wollen, aber wann i was g'lernt hab im Leben, dann aans: a Briefträger im Bett is' a Nieten."

Nach kurzem Nachdenken fügte sie hinzu: "A Straßenbahner is auf die Dauer auch nix wert. Da am Strich kumm i wenigstens auf mei' Rechnung. Da brauch i net warten, bis der gnädige Herr daheim amal was will von mir, da will ein jeder - ununterbrochen. Gibt's was Schöneres?"

Ich wußte ihr nichts zu erwidern. Alles, was ich mir an Schönerem vorstellen konnte, hätte ihr vermutlich nichts gegeben.

Retrospektiv betrachtet, glaube ich feststellen zu dürfen, daß dies die erste und bis dato die einzige, echte, praktizierende Emanze war, die ich je kennengelernt habe...

*

Nach diesem kurzen Abstecher auf den von Sonja so liebevoll beschriebenen Strich der Kärtnerstraße, möchte ich noch einmal kurzfristig ins Bleibergwerk des "Trocadero" zurückkehren.

Im allgemeinen hatten wir Musiker keinen wie immer gearteten Kontakt zu den Geschehnissen in den Separées. Mit einer denkwürdigen Ausnahme - und die möchte ich den geduldigen Lesern des bisher Geschilderten nicht vorenthalten.

Das Sechs-Mann-Orchester des Etablissements wurde von einem sogenannten "Stehgeiger" geleitet. Wie schon der Name sagt, mußte ein solcher den ganzen Abend lang stehen, während die übrigen Musiker sitzen durften. Dafür hatte er ein gewaltiges Sozialprestige innerhalb der Halbwelt des "Trocadero". Er wurde kaum jemals mit seinem bürgerlichen Namen angesprochen, sondern immer nur mit einem Titel. Dieser pendelte völlig unberechenbar zwischen "Herr Kapellmeister", "Herr Professor" oder einem schlichten "Maestro" hin und her.

In Wirklichkeit hieß er schlicht Herbert Mengerl, war ein eher gutaussehender Schlurf um die Fünfzig, der es wohl verstand, einen Frack zu tragen, seine weiße Künstlermähne effektvoll zur Schau zu stellen, sowie Damen aller Altersklassen zu verführen. Zwischendurch spielte er auch Geige, und wenn man genau hinhörte, konnte man feststellen, daß er irgendeinmal die Chance gehabt hätte, ein brauchbarer Musiker zu werden. Eine Chance, die er leider nie genutzt hatte. Aber für die Gäste des "Trocadero" spielte er gut genug. Wenn hin und wieder etwas zu spielen war, das über sein Können hinausging, dann begann er einfach zu dirigieren, was dem Publikum ohnehin viel mehr imponierte, als wenn er nur gegeigt hätte.

Die wesentlichste Aufgabe des Maestro Mengerl aber war das sogenannte "Anstrudeln" der Gäste nach dem offiziellen Programm. Er ging zwischen den Tischen umher, bis er einen zahlungskräftigen Gast entdeckte, der irgendwelche musikalischen Sonderwünsche äußerte, und diesem fiedelte er so lange ins Ohr, bis eine möglichst ansehnliche Banknote den Besitzer wechselte. Nach Arbeitsschluß wurden in Gegenwart aller Orchestermitglieder sämtliche Taschen des Maestro geleert und die Beute wurde nach einem wohldurchdachten Schlüssel mehr oder weniger redlich geteilt.

Ein älterer Stammklient unseres Maestro war der sogenannte "Schifferlbaron". Ob er wirklich ein Baron war, wußte niemand, aber degeneriert war er mindestens für einen Erzherzog. Das "Schifferl" hingegen rührte daher, daß er die seltsame Gepflogenheit hatte, die jeweilige Banknote, die er bereit war, für seine musikalischen Wünsche springen zu lassen, zu einem Papierschiff zusammenzufalten, ehe er sich von ihr trennte. Er war fast jeden Abend da, bestellte eine Flasche Sekt, eine Dame und etliche Schmachtfetzen, die ihm unser Maestro mit ungeheurer Grandezza vorgeigte. Von der Dame an seinem Tisch nahm er übrigens kaum Notiz, es ging ihm offenbar nur darum, nicht allein zu sein.

Eines Abends aber geschah etwas völlig Unvorhersehbares: die Dame, die dem "Schifferlbaron" zugewiesen wurde, war neu im Geschäft und hatte - wie sich später herausstellte - das, was man in in Fachkreisen eine "weiße Leber" nannte. Sie begnügte sich demnach nicht damit, einfach da zu sitzen und Sekt zu trinken - nein, sie entwickelte amouröse Ambitionen.

Der "Schifferlbaron" reagierte darauf auf höchst unerwartete Weise: er befahl dem Ober, den Sekt und die Gläser in ein freies Separée zu übersiedeln, reichte der Dame galant den Arm und folgte dem Ober zum größten Erstaunen aller Stammgäste ins "Bleibergwerk".

"Wann das arme Madel da drin bleiben muß, bis bei dem alten Krauterer soweit is', dann seh ma's nie wieder", flüsterte mir eine ihrer Kolleginnen zu.

Der alte Krauterer aber hatte anderes im Sinne: er ließ unserem Maestro vom Kellner bestellen, daß er den Wunsch habe, Musik im Separée zu haben.

Herbert Mengerl fand es unter seiner Würde, ohne Begleitung zu fiedeln, also beauftragte er mich, ihm mit dem Akkordeon zu assistieren. Wir betraten den engen Raum und fanden das erwartete Bild vor: der "Schifferlbaron" saß in korrekter Haltung am Tisch und sprudelte seinen Sekt, während seine Tischdame gelangweilt daneben saß und versuchte, sexy auszusehen.

"Möcht' wissen, zuwas der alte Trottel die Katz ins Bleibergwerk g'schleppt hat", raunte mir Herbert Mengerl zu, während er sich vor dem "Schifferlbaron" tief verneigte.

Er sollte es bald erfahren. Zunächst ging alles seinen gewohnten Gang. Der Baron begann eines seiner Banknotenschiffe zu falten und bestellte beim Maestro den "Mädi-Walzer", ein zu Recht längst vergessenes Kunstwerk.

Das Schifferl verschwand im Frack des Künstlers und wir wandten uns dem Ausgang zu.

"Halt!" befahl der Schifferlbaron, wir sind noch nicht fertig miteinander..."

"Haben Herr Baron noch einen Wunsch?" erkundigte sich der Maestro mit devoter Verbeugung.

"Jawohl, und zwar einen Spezialwunsch".

Mit diesen Worten zog er einen Tausender hervor - damals, im Jahr 1948 eine ungeheure Summe - und begann, ein Schiff zu falten. Mein Kapellmeister verneigte sich noch eine Spur tiefer als sonst, setzte die Geige an und fragte:

"Was darf's sein, Herr Baron?"

"Dieser Tausender, geschätzter Maestro, steht Ihnen zur Verfügung. Allerdings werden Sie ihn mit meiner Gesellschafterin teilen müssen - wie, das ist Ihre Sache..."

"Ich versteh nicht ganz..."

"Sie werden gleich verstehen, Verehrtester. Während Sie mir die Toselli-Serenade vorspielen, wird diese junge Dame...darf ich übrigens vorstellen: sie heißt Elvira - also dieses gefällige Wesen wird an Ihnen eine kunstvolle Fellatio vollführen. Wie sie mir versichert hat, ist sie eine absolute Spezialistin auf diesem Gebiet."

"Was soll ich vollführen?", mischte sich Elvira ein.

"Du sollst mir einen blasen", verdeutschte der Maestro dem gefälligen Wesen, dann wandte er sich an den "Schifferlbaron":

"Aber warum soll ich dazu geigen?"

"Es war immer schon mein insgeheimer Wunsch", erklärte der Musikfreund, "einem Geiger zu lauschen, der die Erotik nicht simuluiert, sondern wirklich erlebt."

Herbert Mengerl warf einen sehnsüchtigen Blick auf das Tausender-Schifferl, dann fragte er:

"Ist die Dame einverstanden?"

"Die Dame kann es kaum erwarten", versicherte der Gast, der - einem weitverbreiteten Aberglauben zufolge - immer Recht hat.

"Also dann...", Herbert seufzte tief, dann wandte er sich verlegen an mich:

"Könntest Du mich nicht vielleicht von draußen begleiten?"

Ich konnte. Etliche Takte lang klang die Toselli-Serenade so, wie immer. Nicht unbedingt so, wie sie Enrico Toselli weiland geschrieben hatte, aber zumindest so, wie sie unser Maestro normalerweise zu spielen pflegte. Dann aber setzte eine seltsame Metamorphose ein: er begann, mitzusingen, wobei der Gesang nach und nach in ein unkontrolliertes Stöhnen überging, in das die gefällige Elvira aus voller Kehle miteinstimmte. Auch das Saitenspiel des Maestro wurde immer unkontrollierter, bis es plötzlich aussetzte.

“Weiterspielen!”, kommandierte der Schifferlbaron. “Ohne Musik, kein Geld!”

Die Geige ertönte wieder, wenn auch ziemlich verwahrlost.

“So ist's brav”, ließ sich der Schifferlbaron vernehmen, “nur ja nicht aufhören, ich möcht endlich einmal in der Praxis erleben, was ein orgiastischer Klang ist.”

Er sollte ihn bald zu hören bekommen. Es war ein scheußliches Gekratze, begleitet von diversen “Ahs” und “Ohs” der beiden Protagonisten.

Und ich stand draußen und begleitete auf dem Akkordeon bis zum bitteren Ende.

Kurz danach kam mein Kapellmeister aus dem Separée hervor, strich seine Kleidung zurecht, seufzte tief und sagte:

“Jetzt weiß ich endlich, was ein Stehgeiger ist.”

Nach Geschäftsschluß gab es noch eine längere Diskussion zwischen dem gefälligen Wesen und dem Maestro. Es ging um den Verteilungsschlüssel des Tausenders. Jeder der beiden Kontrahenten behauptete, den wesentlicheren Teil der Arbeit geleistet zu haben, wobei der Maestro lauthals darauf hinwies, daß er seinen Anteil noch mit den übrigen Musikern zu teilen hätte. Die Diskussion ging allmählich in ein wüstes Geschimpfe über, dessen Ausgang mir unbekannt blieb, denn ich beschloß, auf meinen eventuellen Anteil zu verzichten und ging nach Hause.

Tags darauf kündigte ich meinen Posten auf und kurze Zeit danach begann ich ein anderes Engagement.

Etwa zwanzig Jahre später läutete es an meiner Haustür. Ich öffnete und sah mich einem seltsamen Paar gegenüber: ein gebrechlicher alter Mann, gestützt auf einen Stock und auf eine wesentlich jüngere Frau, lächelte mich freundlich an.

“Kennst' mich noch?”, fragte er.

Ich erkannte ihn nur an der Stimme. Es war Herbert Mengerl.

Er hatte sich unweit von meinem Domizil ein kleines Häuschen gemietet, um dort sein Ausgedinge zu verleben.

“Ich hab mir gedacht - nachdem wir doch jetzt quasi Nachbarn sind - sollt' ich Dir einen Antrittsbesuch abstatten. Übrigens das”, er wies auf die Frau, “das ist meine bessere Hälfte, die Elli.”

Ich hätte sie beim besten Willen nicht wiedererkannt. Es war Elvira, das gefällige Wesen aus dem Bleibergwerk....

*

Bekanntlich ist der “Ausstieg” aus dem Strich viel schwieriger zu bewältigen, als der “Einstieg”. Abgesehen davon, daß die diversen Zuhälter größten Wert darauf legen, ihre lukrativen Damen möglichst lange bei der Stange zu halten, ist auch die Umstellung auf ein “normales” Privatleben nicht immer leicht zu verkraften. Zwar gibt es den weitverbreiteten Aberglauben, daß ehemalige Prostituierte die besten Ehefrauen abgeben, aber in der Praxis gibt es dafür kaum einen glaubhaften Beweis.

Auch Herbert Mengerl und seine bessere Hälfte konnten nicht als Beweis für die Richtigkeit dieser These zugelassen werden, denn sie war keine Exprostituierte. Sie war - ganz im Gegenteil - immer noch im Geschäft. Der Maestro hingegen war schon vor längerer Zeit von Gicht und Krampfadern gezwungen worden, seine Geige an den Nagel zu hängen.

“Nur manchmal, wenn ich von der Arbeit heimkomm'”, erzählte Elli mit einem koketten Augenaufschlag, “muß mir der Herbert die Toselli-Serenade vorspielen...”

Was also wird aus leichten Damen, wenn sie nicht mehr mit Leichtigkeit ihren (und ihrer Zuhälter) Lebensunterhalt erwirtschaften können?

Eine kannte ich, die sich von ihren Ersparnissen eine pleite gegangene Schaubude im Wiener Prater erwarb. Sie eröffnete dort eine Art “Sex-Panoptikum” und wurde eine wohlhabende und angesehene Matrone.

Eine andere besitzt ein kleines Espresso am “Gürtelstrich”, in dem sich ihre jüngeren Berufskolleginnen im Winter aufwärmen können.

Und die übrigen?

Fritz Kortner erzählte uns einmal, wie er nach seiner Rückkehr aus der Emigration eines Abends in einem Wiener Restaurant die Toilette aufsuchte und von der dort amtierenden Dame nach kurzer Musterung folgendermaßen angesprochen wurde:

“Sag einmal...bist Du nicht der Fritzl?”

“Wie bitte?”

“Aber klar bist du’s...die Nasen hätt’ ich überall erkannt...”

Der “Fritzl” begann sich vor Verlegenheit zu winden.

“Ich wüßte nicht...”

“Erkennst mich denn nimmer? Ich war einmal die fesche Anni von der Annagass’n!”

Aus längst verschüttet geglaubten Erinnerungsfetzen konnte der “Fritzl” rekonstruieren, daß er irgendwann in seiner wilden Studentenzeit tatsächlich sporadischer Gast der ehemals feschen Anni gewesen war.

“Ja, wo warst denn die ganze Zeit?” wollte die Anni wissen.

“In Amerika”.

“Und was hast dort g’macht? Bist reich g’worden?”

“Nein, ich bin Schauspieler geworden.”

“Was Du net sagst”, erwiderte die überraschte Anni, die offensichtlich noch nie im Leben die Kulturseite einer Zeitung gesehen hatte. “Und geht’s Dir gut?”

“Manchmal”. Der “Fritzl” fühlte sich bemüßigt, auch so etwas ähnliches wie Interesse zu heucheln, daher fragte er:

“Und Du? Bist Du zufrieden?”

“Wie man’s nimmt. Man darf net unbescheiden sein. Irgendwann hab ich g’merkt, daß ich für den Strich zu alt bin. Da hab ich halt da die Herrentoilette gepachtet. Weißt, es ist net dasselbe - aber man ist halt immer noch ein bisserl beim G’schäft...”

SCHERZ BEISEITE

Die größten Verbrechen dieses Jahrhunderts wurden nicht von Gesetzesbrechern begangen. Sie wurden streng legal im Namen des Gesetzes verübt.

Bei einer öffentlichen Diskussion im Deutschen Fernsehen wurde ich einmal gefragt, wie ich den Unterschied zwischen dem Deutschen und dem Wiener Cabaret definieren würde. Meine Antwort lautete:

"Ganz einfach. Im Deutschen Cabaret stellt sich ein kluger Mensch auf die Bühne und sagt, daß die Zeiten schlecht sind. Im Wiener Cabaret stellt sich ein Trottel auf die Bühne und sagt, daß alles wunderbar ist."

Damit wollte ich - zugegeben, etwas generalisierend - zum Ausdruck bringen, daß der Kabarettist zwischen sich und seiner Aussage eine ironische Distanz setzen soll, um jenen Humor nicht zu verlieren, den man von ihm mit Recht erwartet.

Ich habe viele Jahre lang mein Bestes versucht, mich an diese Maxime zu halten. Doch manchmal ist es mir widerfahren, daß mir die Freude am Humor und an der ironischen Distanz vergangen ist.

Ich setze einige derartiger Beispiele an den Schluß dieses Buches, um jene Leser, denen es zu anstrengend ist, ein ganzes Buch zu lesen, nicht zu verschrecken.

Sollten Sie aber zu jenen Käuzen gehören, die vor Lektüre eines Buches sich immer erst den Schluß ansehen, etwa um zu erfahren, wer der Mörder ist - dann nehmen Sie bitte zur Kenntnis:

Es war nicht ein Mörder, es waren viele.

Viel zu viele...

Ein Briefwechsel

Hauptmann I.d.Ev.d.I.BH.a.D.

Ferdinand Fauland

Graz-Gösting, Weidweg 52

am 6.Juli 1964.

WIE LANGE NOCH, HERR BRONNER

werden Sie Ihre unqualifizierten Gehässigkeiten gegenüber gewissen Gesellschaftsgruppen, Gemeinheiten, die weder mit Kabarett noch mit Unterhaltung etwas zu tun haben, einem kritiklosen Publikum servieren?

Wenn Sie sich über die Politiker auslassen, so sei Ihnen hier freie Bahn gelassen, denn selbe verdienen nichts Besseres. Oder wenn Sie sich Herrn Karajan entsprechend vorknöpfen, werden Sie sicher Zustimmung finden.

Aber von anderen sollten Sie doch schon einmal Ihre Finger lassen.

So vom Österreichischen Bundesheer, das so hart um seine endliche Anerkennung zu ringen hat.

So auch von den alten Soldaten, die es durch ihre Hingabe in zwei Weltkriegen, an denen sie selber keine Schuld haben, nicht verdient haben, als Zielscheibe für Ihre oft so seichten Witze herhalten zu müssen.

Als Teilnehmer beider Kriege verwahre ich mich auch im Namen aller meiner Kameraden, gegen diese Lächerlichmachung der in Blut und Eisen erworbenen Auszeichnungen, schon aus der Erfahrung heraus, daß sich meist nur solche Leute darüber lustig machen, die nicht dort waren, wo man sie verdienen konnte. Zu denen scheinen Sie auch zu gehören, Herr Bronner.

Und letzten Endes lassen Sie auch endlich einmal die Bauernschaft aus dem Spiel, die in harter Arbeit das schafft, womit Sie sich Ihren Wanst stopfen.

Wenn Sie den Titel Ihrer letzten Produktion "Nie wieder Kabarett!" wahr machen würden, sie würden damit endlich eine Tat setzen, die vielseitige Anerkennung finden würde.

Hauptmann a.D. Ferdinand Fauland - Graz.

Lieber Herr Hauptmann i.d.Ev.d.1.BH.a.D.!

(Herbst 1964)

Menschen, die in der Vergangenheit leben, brauchen kein gutes Gedächtnis. Daher bin ich nicht sicher, ob Sie sich noch daran erinnern, mir am 6.Juli 1964 über das Wiener Rundfunkhaus einen Brief geschrieben zu haben. Dieser erstaunliche Brief begann mit den Worten "Wie lange noch, Herr Bronner". Und ich bin es gewohnt, auf präzise Fragen ebensolche Antworten zu geben.

Zunächst einmal muß ich mich bei Ihnen bedanken, daß Sie mir großzügig die Erlaubnis erteilen, mich über Politiker auszulassen, da diese - Ihrer bescheidenen Ansicht nach - nichts Besseres verdienen. Auch über die Tatsache, daß Sie mir gegen Herrn Karajan freie Hand gewähren, frohlocke ich.

Was Sie jedoch übersehen (man verliert eben im Verlaufe der Jahrzehnte den Überblick) ist die Tatsache, daß sowohl unsere derzeitigen Politiker, als auch Herr Karajan (bei allen Vorbehalten) wesentlich mehr für das Ansehen unseres Landes in der Welt getan haben, als sämtliche Angehörigen der Deutschen Wehrmacht seit Arminius dem Cherusker.

Es sollte Ihnen, werter Herr Hauptmann i.d.Ev.d.I.BH.a.D., sehr zu denken geben, daß das Privileg der freien Meinungsäußerung - dessen Nutznießer wir ja beide sind - nicht eine Errungenschaft der Deutschen Wehrmacht ist. Und schon gar nicht jener Herren, welche das Hoheitszeichen erfanden, das noch in alter Frische auf den meisten Orden des zweiten Weltkriegs prangt. Mag sein, daß meine Witze über diese Ordensträger hin und wieder seicht sind (Es ist nun einmal so, daß der geistige Gehalt meiner Polemiken vom Niveau meiner Angriffsobjekte bestimmt wird). Seien Sie aber nichtsdestoweniger versichert, daß auch die seichtesten meiner Witze mit mehr Überlegung verfaßt wurden, als sämtliche Tagesbefehle aus dem OKW von 1939 bis 1945. Und dabei wurde gegen diese schlechtesten Witze der Weltgeschichte aus Ihren Kreisen kaum jemals polemisiert, obwohl diese weit mehr Schaden angerichtet haben, als es sämtliche Kabarettisten der Welt in tausenden Jahren zuwege bringen könnten.

Aber nun möchte ich endlich zur präzisen Beantwortung Ihrer eingangs zitierten Frage schreiten: Wie lange noch - wollen Sie wissen? Genau so lange, bis sämtliche Leute Ihres Schlages begriffen haben, daß man sich eines Ordens, den man für die Ermordung eines Mitmenschen in einem Angriffskrieg verliehen bekam, zu schämen hat, anstatt ihn auf stolzgeschwellter Brust durch ein friedliches Land zu tragen, nota bene: ein Land, das durch die Verleiher besagter Orden widerrechtlich besetzt wurde.

Wie Ihr Brief beweist, sind diese Leute noch nicht ausgestorben, daher sehe ich mich bis auf weiteres nicht in der Lage, den Titel meiner letzten Produktion "Nie wieder Kabarett" in die Tat umzusetzen. Auch auf die Gefahr hin, daß ich mir Ihre Anerkennung für ewige Zeiten verscherze.

Gerhard Bronner.

Gedanken über das Cabaret in Wien (1984)

Die Kultur einer Epoche wird an allen möglichen Dingen gemessen: an der Aussagekraft ihrer Dichtung, am Stil ihrer Musik, an der Gültigkeit ihrer darstellenden Kunst, am Einfallsreichtum ihrer Architektur, vielleicht kann man auch den Einfallsreichtum der Theaterschaffenden als Maßstab heranziehen - doch kaum jemand beachtet das, was in dem zu beurteilenden Zeitraum am Sektor der Unterhaltung entstanden ist.

Und das ist nicht nur eine grobe Unterlassungssünde, sondern auch ein Fehler beim Erstellen des gesuchten Maßstabs. Denn fast alles, was innerhalb der "Hochkultur" an Neuem und Bleibendem entsteht, das geht zum Zeitpunkt des Entstehens am gerade herrschenden Publikumsgeschmack weit vorbei. Sofern die Öffentlichkeit die wesentlichen, zeitgenössischen Kunstwerke ihrer Epoche überhaupt zur Kenntnis nimmt, so besteht diese Kenntnisnahme in neun von zehn Fällen nur aus strikter Ablehnung.

Jene Künstler, die für spätere Generationen den Stil ihrer Epoche prägen, sind daher genötigt, im Elfenbeinturm ohne Anteilnahme des Publikums zu arbeiten. Um leben und arbeiten zu können, sind sie entweder auf kunstfremde Brotberufe oder auf das Mäzenatentum - meist der öffentlichen Hand - angewiesen.

Ganz anders verhält es sich bei der Unterhaltung. Die Leute, die dort tätig sind, werden nicht (oder kaum) subventioniert. Sie sind also von der Gunst des zahlenden Publikums abhängig. Sie können sich keine Experimente leisten, denn vom Urteil der Nachwelt haben sie nichts. Sie arbeiten in einer stillen Komplizenschaft mit ihrem Publikum, das mit einer ganz bestimmten Erwartungshaltung zu ihnen kommt. Und wenn dieser Erwartung nicht Rechnung getragen wird, spielt man vor leeren Häusern und geht zugrunde.

Wir wissen von Leuten, die in die Oper oder ins Burgtheater gehen, "weil sie sich das schuldig sind". Sie konsumieren Kultur (oder das, was sie dafür halten) um sich und ihrer Mitwelt zu imponieren.

Aber kein Mensch geht in ein Cabaret, um sich selbst zu imponieren. Das ist man sich auch nicht "schuldig", um als Kulturträger dastehen zu können. Nein, ins Cabaret geht man, um unterhalten zu werden - und das möglichst so, daß man sich nachher nicht dafür genieren muß, gelacht zu haben.

Um diesen letzten Passus erläutern zu können, gestatte man mir eine kleines Extempore.

*

Wenn ich auf Reisen bin und in ein Land komme, das mir unbekannt ist, dann habe ich mir drei Kriterien zurechtgelegt, die mir eine Beurteilung des Landes ermöglichen.

Erstens: ich beobachte den Grenzbeamten, der meinen Reisepaß kontrolliert. An der Art, wie er meinen Paß betrachtet und an der Dauer der Kontrolle merke ich, ob ich in eine Demokratie oder in eine Diktatur einreise.

Zweitens: ich suche das jeweils landesübliche Äquivalent unseres Wiener Würstelstandes auf und begutachte, was man dort zu welchem Preis anbietet. Daran kann ich den Lebensstandard des Landes ablesen.

Und drittens: ich versuche zu ergründen, worüber die Leute in diesem Land lachen. Daran erkennne ich das Niveau der Bevölkerung.

Man kann nämlich auf Befehl applaudieren und *Hurra* schreien, sogar jubeln kann man auf Befehl - aber man kann nicht auf Befehl lachen.

Der Anlaß eines Gelächters sagt über das geistige Niveau des Lachenden ungemein viel aus: wir wissen von breit grinsenden Menschen, die sich neben hingerichteten "Volksschädlingen" photographieren ließen, und wir kennen die Bilder von Wienern, die lachend zusahen, wie Juden mißhandelt wurden. Auch Stalin pflegte gern zu lachen, wenn er seine Mitarbeiter zu allerlei menschenunwürdigen Tätigkeiten aufforderte. Auch im Iran wird anlässlich der Steinigung einer Ehebrecherin, wenn diese um Erbarmen fleht, sehr viel gelacht...

Doch es genügt schon, wenn man über den "Komiker" lacht, der seine Hose verliert oder ins Wasser fällt oder eine Torte ins Gesicht bekommt. Das hat nichts mit Humor zu tun, sondern mit dessen mißratenen Stiefschwester, der Schadenfreude.

Das Lachen, welches auf höherer geistiger Ebene stattfindet, basiert nicht auf dem Unglück der Mitmenschen, sondern auf dem Widersinn des Lebens. Jenem Widersinn, dem man tagtäglich selbst ausgeliefert ist und den zu bekämpfen so aussichtslos wäre, wie Don Quijotes Kampf gegen die Windmühlen.

Wer in der Lage ist, diesen Lebenskampf zu belächeln, mit anderen Worten: wer auch über sich selbst lachen kann, der steigt aus den stickigen Niederungen der Schadenfreude, auf zu jenem Niveau, wo der echte Humor stattfindet.

Und das ist es, was ich unter Cabaret verstehe.

*

Der Humor ist ein Abfallprodukt der Intelligenz. Ein Mensch, dessen gesamtes Denkvermögen damit ausgelastet ist, die Erfüllung seiner täglichen Verpflichtungen einigermaßen zu gewährleisten, dem stehen für so brotlose "Nebensächlichkeiten", wie Humor keine Reserven zur Verfügung. Mit anderen Worten: ein unintelligenter Mensch kann keinen Witz entwickeln. Sein Bedarf an Lachen - denn auch er hat einen solchen - wird ausschließlich durch Schadenfreude gedeckt. (Nicht durch Zufall war im alten deutschen Sprachgebrauch das Wort "Witz" ein Synonym für "Intelligenz".)

Ebenso ist das Cabaret ein Abfallprodukt des intakten Kulturlebens einer Gesellschaft. Wo es keine regelmäßig agierenden Theatergruppen, kein Musikleben, kein Darstellerreservoir gibt, wo sich nicht jeden Abend einige tausend Menschen die Frage stellen: "Wohin gehen wir heute abend?" da kann sich kein Cabaret etablieren.

Wir können uns daher mit all unserer Phantasie kein Cabaret in Libyen, in Uganda oder in Äthiopien vorstellen. (Diese Aufzählung ließe sich beliebig verlängern: in den meisten Mitgliedstaaten der UNO wüßte man mit dem Begriff "Cabaret" nichts anzufangen.)

*

Es gab aber - wie wir wissen - etliche Diktaturen, die sich ein Cabaret leisteten. Etwa in der DDR, in Ungarn und Polen - ja sogar in der Sowjetunion konnten sich satirische Bühnen zeitweise am Leben erhalten. Dort haben die Machthaber gewisse kulturelle Strukturen von ihren Vorgängern übernommen, die - nach gründlicher Säuberung - am Leben erhalten wurden. Sofern in solchen Etablissements Kritik geübt werden durfte, war sie schaumgebremst. Man kritisierte am liebsten den politischen Gegner. Sofern die Zustände im eigenen Land belacht werden durften, handelte es sich nur um marginale Randerscheinungen, wie Auswüchse der niedrigen Funktionärsschicht, bürokratische Ungereimtheiten und Unzulänglichkeiten bei der Versorgung. Am Essentiellen durfte dort nicht gerüttelt werden. Ein Minister oder ein gar ein Staatsoberhaupt war sakrosankt.

Demnach ist das Cabaret nicht nur als Gradmesser der Intelligenz, sondern auch der demokratischen Freiheit eines Landes anzusehen. Und daraus ergibt sich die Frage: wie steht es eigentlich mit diesen beiden Komponenten bei *uns*?

*

1938, als die braunen Horden Österreich besetzten, fiel ihnen nicht nur ein intaktes Kulturleben in die Hände, sondern auch ein Nebenprodukt desselben, und zwar eine voll funktionierende Cabaretbühne in der Wiener Liliengasse, die "Wiener Werkel" getauft wurde. Anfangs wurden dort derbe Späße über Juden gemacht, dann aber (als keine Juden mehr da waren) mußten andere Zielobjekte gefunden werden. Man scherzte über den Schleichhandel, über den Unterschied zwischen der "Preußischen" und der "Wiener" Mentalität, man griff (siehe oben) sogar Auswüchse der unteren Funktionärsschicht, sowie Ungereimtheiten der Bürokratie an, doch weiter durfte man nicht gehen. Vor jeder Premiere kam ein Zensor, der darauf achtete, daß die politische Linientreue des Programms ebenso "gleichgeschaltet" blieb, wie die Presse. Abweichungen vom genehmigten Text waren ebenso streng verboten, wie Extempores der Darsteller.

Trotzdem - oder vielleicht gerade deshalb - kultivierte das Publikum ein scharfes Ohr für unausgesprochene Pointen, die zwischen den Zeilen zu hören waren. Der künstlerische Leiter des Hauses, Adolf Müller-Reitzner wurde etliche Male ins Büro des Gauleiters zitiert, um ein Donnerwetter über sich niedergehen zu lassen. Die inkriminierten Pointen wurden daraufhin prompt "modifiziert" und es ging wieder eine Weile weiter. Bis auf Weisung des Propagandaministeriums das "Wiener Werkel" endgültig zugesperrt werden mußte.

Sofort nach Kriegsende gab es zwei neue Cabarets in Wien: "Der liebe Augustin" und "Das kleine Brettl". Alles, was an Unmut während der beiden letzten Kriegsjahre aufgestaut werden mußte, brach nun aus den Autoren hervor. Carl Merz, Fritz Eckhardt, Kurt Nachmann und Rudi Weys schrieben sich all das von der Seele, was sie sieben finstere Jahre lang nicht schreiben durften und das Publikum reagierte mit - im wahrsten Sinne des Wortes - befreitem Gelächter.

Kurz danach übernahm das Theater in der Josefstadt das "Wiener Werkel" und spielte, der Tradition des Hauses entsprechend, Cabaret. Hans Weigel schrieb gemeinsam mit Alexander Steinbrecher ein lose Folge von zeitkritischen Nummern, die unter dem Titel "Seitensprünge" ein Sensationserfolg wurden. Ein hochkarätiges Schauspielerensemble aus der Josefstadt - allen voran der unvergessene Leopold Rudolf - mußte dieses Programm über 300 Mal spielen. Damit war für alle, die danach in Wien Cabaret machen wollten, ein Qualitätsmaßstab vorgelegt, der kaum jemals erreicht werden konnte.

Es kam die Währungsreform. Das bis dahin übliche Papiergeld, mit dem man außer papierenen Theaterkarten nichts (oder fast nichts) kaufen konnte, wurde drei zu eins umgetauscht und plötzlich konnte man Dinge erstehen, die man wesentlich dringender benötigte, als Eintrittskarten für Cabaretvorstellungen.

Es brach eine Theaterkrise an, der alles zum Opfer fiel, was nicht mit Millionen subventioniert werden konnte. Also gab es ab 1949 kein intaktes Cabaret mehr in Wien.

Zwar vegetierte in der Wollzeile der altehrwürdige "Simpl", doch gab es dort noch keinen Karl Farkas. Der spielte fast unter Ausschluß der Öffentlichkeit mit Erwin Saldern, ebenfalls ein Remigrant, im "Cabaret Weihburg". Satire, oder gar Zeitkritik waren da wie dort Fremdworte. Es wurde primitivstes Lachkabarett gespielt: Sketches, die irgendwann in der Zwischenkriegszeit entstanden sind - meistens in Budapest - dazwischen traten leichtgeschürzte Damen auf und sangen irgendwelche "Chansons", die schon vor ihren Lebzeiten unaktuell waren.

Dies sollte sich schlagartig ändern, als Karl Farkas Anfang der Fünfzigerjahre in den "Simpl" übersiedelte. Es entstand ein grandioses Komikerensemble, Farkas koalierte mit Hugo Wiener, der seinerseits seine Gattin Cissy Kraner als Morgengabe einbrachte. Das Autorenduo Farkas-Wiener verfaßte Jahre hindurch eine erfolgreiche Simpl-Revue nach der anderen, es gelang den beiden, ein Simpl-Publikum heranzuziehen, das dem Haus viele Jahre treu blieb. Sogar wenn die Aktualität des dort Gebotenen nur vorgetäuscht war; denn in vielen Fällen handelte es sich nur um Umarbeitungen uralter Texte. Doch das Publikum nahm dies gern in Kauf. Die alten, tausendfach erprobten Scherze wurden zum Markenzeichen des Hauses. Sie verletzten niemanden, sie waren unverbindlich und plätscherten ohne jeden satirischen oder sonstigen Tiefgang an der Oberfläche dahin. Karl Farkas wurde so zum Publikumsliebling und blieb es bis an sein Lebensende.

*

Daneben aber gab es einige junge Leute, die wußten, daß Cabaret auch anders sein konnte. Sie hatten irgendwann Karl Kraus gelesen, sie durchstöberten Antiquariate nach verschollenen Texten vertriebener Schriftsteller, und plötzlich entdeckten sie Werke, die irgendwann in Wien geschrieben wurden, von denen aber die breite Öffentlichkeit nichts wußte. Ödön von Horváth wurde wieder entdeckt, Jura Soyfer, Peter Hammerschlag, Gerhart Hermann Mostar, Curt Bry und viele andere, von denen in den Lesebüchern ihrer Schultage nichts zu finden war.

Sie setzten sich mit Leuten zusammen, die ihnen aus jener Zeit erzählen konnten. Carl Merz war einer, der am Cabaret der Dreißigerjahre mitgearbeitet hatte, Hans Weigel war ein anderer, auch Rudi Weys war noch da, dann kam noch Friedrich Torberg aus Amerika zurück, und jeder dieser Zeitzeugen war sofort bereit, den jungen Interessenten aus dieser Zeit zu erzählen.

Und so erfuhren sie, daß man ein Cabaret-Publikum auch "gegen den Strich" bürsten kann. Daß man auf dem Umweg über das Lachen auch zum Nachdenken anregen kann. Mehr als das: sie wurden mit der Tatsache konfrontiert, daß Satire eine Waffe sein konnte, mit der man sich gegen Willkür und institutionalisierte Unvernunft zur Wehr setzen konnte.

Die ersten Gehversuche der (damals) jungen Leute fanden im Rundfunk statt. Alle vierzehn Tage gab es im Sender Rot-Weiß-Rot ein Cabaret namens "Brettl vor'm Kopf". Die Reaktion der Hörerschaft war nicht überwältigend, aber es kamen nach jeder Sendung gerade so viele Protestschreiben und wütende Anrufe, daß die Autoren wußten, sie hatten da oder dort ins Schwarze getroffen.

1952 ging das Team (das sich übrigens niemals einen Namen zugelegt hat) zum ersten Mal auf die Bühne. Helmut Qualtinger sang den "G'schupften Ferdl", Michael Kehlmann parodierte das "absurde" Theater, die Besatzungsmächte wurden lächerlich gemacht, die damals schon in Österreich fest etablierte Korruption wurde ebenso bloßgestellt, wie die kurzsichtig-kleinkarierte Habgier der heimischen Spießbürger - kurz: man versuchte, sich an den großen Vorbildern der Vergangenheit zu orientieren, ohne jede Rücksicht auf Verbindlichkeit.

Die Reaktion der Kritik war dementsprechend: von "politischer Pornographie" war da die Rede, von "vernagelten Autoren", - das Programm hieß ja "Brettl vor'm Kopf" - auch von berechtigter Entrüstung im Zuschauerraum wurde geschrieben...

Aber das Publikum war anderer Ansicht. Das namenlose Team wurde zum "Geheimtip". Das Programm lief einige hundert Mal vor ausverkauftem Haus und ein "neuer" Stil des Cabarets war geboren. Es folgten weitere Programme wie “Blattl vor’m Mund”, “Glasl vor’m Aug”, “Dachl über’m Kopf” und “Hackl vor’m Kreuz”. Dazu entstand kurz nachdem in Österreich das Fernsehen etabliert war, ein TV-Brettl namens “Spiegel vor’m G’sicht”. Und zum ersten Mal konnte ein wirklich breites Publikum erfaßt werden. Während von der Bühne aus immer nur jene Zuschauer angesprochen werden konnten, die von vornherein “dafür” waren, erreichte das Cabaret via Fernsehschirm auch Publikumsschichten, denen es nie in den Sinn gekommen wäre, eine Cabaretvorstellung “live” zu besuchen. Cabaret wurde zum Massenkonsumgut - und das in einem Ausmaß, von dem die großen Vorbilder der “jungen” Leute nie zu träumen gewagt hätten.

Das Cabaret war definitiv vom “Geheimtip” zur Institution geworden - mit allen Vor- und Nachteilen einer solchen Metamorphose.

Es dauerte nicht lange, ehe die ersten negativen Reaktionen “von oben” kamen: anläßlich einer kabarettistischen Polemik gegen irgendwelche Unzulänglichkeiten bei der Exekutive schrieb der damalige Innenminister Oskar Helmer: “...bei normalen Scherzen von Kabarettisten kann man ja getrost zur Tagesordnung übergehen, aber was sich diese Leute da geleistet haben...”

Dem Herrn Minister war offensichtlich nicht bewußt, daß die Autoren keine Sekunde lang die Absicht hatten, Scherze zu schreiben, bei denen man “zur Tagesordnung” übergehen konnte. Ganz im Gegenteil: sie wollten die Waffe der Satire so handhaben, wie sie es von ihren großen Vorbildern gelernt hatten. Ebenso wie diese, nahmen sie dafür willig in Kauf, als “Nestbeschmutzer” und “Vaterlandsbesudler” gebrandmarkt zu werden.

Natürlich konnte das Cabaret nicht die Mentalität der Bewohner dieses Landes verändern. Aber hin und wieder konnten maßgebliche Kreise zum Nachdenken angeregt werden. Mit dem Lied “Der Papa wird’s schon richten” wurde ein vertuschter Skandal enthüllt, und einige Jahre danach wurde mit einer Cabaretszene im Fernsehen die Lawine des Falles Borodajkewicz losgetreten - um nur zwei markante Beispiele zu erwähnen.

*

Wenn wir davon ausgehen, daß die meisten unserer Mitbürger nach dem letzten Schultag nichts mehr zu lernen bereit sind, was ihnen nicht beruflich weiterhelfen kann, dann kommen wir zum logischen Ergebnis, daß zahlreiche Menschen dieses Landes mit der Bildung und dem Wissen von Vierzehnjährigen durch das Leben gehen. Dazu kommen noch die vom Elternhaus ererbten Vorurteile und damit ist das Psychogramm des Durchschnittsösterreichers abgerundet. Darüber hinaus ist kaum jemand freiwillig bereit, etwas zu lernen, oder gar Gedankenketten zu folgen, die nicht die seinen sind. Es gibt nur eine einzige Möglichkeit so einen Menschen mit neuen Gedanken zu konfrontieren: wenn man ihm in Aussicht stellt, daß er sich unterhalten kann. Über den "Lockvogel" des Lachens ist es möglich, solchen Leuten auch unangenehme Wahrheiten ins Gesicht zu sagen, ihre Vorurteile zu entlarven und in ganz besonders geglückten Fällen kann es sogar geschehen, daß ein Mensch im Publikum einen, ihm bis dahin ungewohnten Gedanken, zu seinem eigenen macht.

Kehren wir zum Ausgangspunkt dieser Betrachtung zurück: es gab und gibt in der zweiten Republik - im Unterschied zu den meisten Mitgliedstaaten der UNO - etliche Cabarets. Und es gibt nach wie vor ein Publikum, das bereit ist, Geld an der Eintrittskasse zu lassen, um auf dem Umweg über die Unterhaltung "gegen den Strich" gebürstet zu werden. Und dazu gibt es eine Obrigkeit, die das toleriert, ohne nach dem Zensor zu rufen.

Hoffen wir, daß es noch recht lange so bleibt.

Die Windmühlen der Vorurteile (1986)

Es war im Jahr 1967. Der Sechstagekrieg der Israelis neigte sich gerade seinem triumphalen Ende zu. Da kam ich mit einem Wiener ins Gespräch, der mich mit folgendem "Glückwunsch" überraschte: "Also wissen S' Herr Bronner, ich hab' ja die Juden immer für feige Hund' g'halten. Aber was die jetzt da unten geleistet hab'n - i muaß sag'n, das imponiert wirklich. Gratuliere!"

Jetzt hatte ich es endlich erfahren, womit die Juden einem Antisemiten imponieren konnten: sie müssen besser mit mörderischen Waffen umgehen können, als ihre Gegner. Sie müssen die feindliche Luftflotte am Boden zerstören, ehe sie aufsteigen kann. Sie müssen armselige, illiterate Fellachen, die keine Ahnung haben, wofür man sie in Uniformen gesteckt hat, zu Tausenden gefangen nehmen...

Damit konnte man besagtem Herrn imponieren - und offensichtlich nur damit. Daß ein Jude namens Jonas Salk das Serum gegen die Kinderlähmung entdeckt hatte, daß er es zunächst bei sich und seinen eigenen Kindern ausprobierte, imponierte ihm nicht. Daß der Jude Oskar Minkowsky die Insulinbehandlung bei Diabetes entdeckte, ließ ihn kalt.

Wenn er Kopfweh hatte und Pyramidon einnahm, dachte er sicher keinen Moment daran, daß er die Existenz dieses Mittels den beiden Juden Spiro und Filehne verdankte.

Ebensowenig dürfte er je daran gedacht haben, daß die Erkennung und Heilung der Syphilis den Juden Wassermann und Ehrlich zuzuschreiben ist. Oder die Typhus-Therapie den beiden Juden Weil und Widal.

Wohl aber dürfte er - ebenso wie tausende seiner Landsleute heute noch davon überzeugt sein, daß an der ominösen Geschichte mit dem "Anderl von Rinn" irgendwas dran sein muß. Und daß man den Leuten, die daran glauben wollen, diesen Glauben nicht zerstören darf.

Sollte man ihn deswegen der Engstirnigkeit bezichtigen, kann er sich jederzeit auf einen amtierenden Weihbischof berufen, der seinerseits ganz sicher davon überzeugt ist, auch keine Vorurteile zu haben.

*

Wenn man - so wie ich - im Wien der Zwischenkriegszeit aufwuchs, dann lernt man, mit Vorurteilen der Mitmenschen zu leben. Damals lebte in Wien die drittgrößte Judengemeinde Europas. Jeder zwölfte Wiener war Jude. Allerdings gab es unter 3.268 praktizierenden Ärzten dieser Stadt 2.440 Juden. Von 2.163 Wiener Rechtsanwälten waren 1.345 Juden. Zugegeben, es war nicht jeder Arzt ein Sigmund Freud und nicht jeder Anwalt war ein Hans Kelsen, aber daraus die Schlußfolgerung "Die Juden sind unser Unglück" zu ziehen, zeugt nicht gerade von besonderer Vorurteilslosigkeit.

Die meisten der rund 180.000 Wiener Juden waren nämlich arm. Es gab damals etwas, an das man heute kaum mehr denkt, nämlich ein jüdisches Proletariat. Menschen, die niemals die Chance hatten, einen wirklichen Beruf zu erlernen. Tausende lebten damals von Gelegenheitsarbeiten, gingen mit Bauchläden als Hausierer durch die Stadt, oder waren einfach auf Almosen ihrer wohlhabenderen Glaubensgenossen angewiesen.

Das änderte allerdings nichts am Vorurteil, daß alle Juden reich wären. In den judenfeindlichen Publikationen dieser Jahre gab es das unverrückbare Klischee vom "ausgefressenen Juden", der sich am Elend der "Arier" bereichert.

Ebenso an den Haaren herbeigezogen ist der Aberglaube, daß "die Juden immer zusammenhalten".

Wahr ist vielmehr, daß die sogenannten "Bodenständigen" sich von den "Zugereisten" zu distanzieren suchten, wo immer es ging. Es gab hitzige Polemiken zwischen "Zionisten" und "Unionisten", also zwischen Juden, die nicht an eine Zukunft in Österreich glaubten und solchen, die einen "Judenstaat" für eine sinnlose Utopie hielten. Sogar nachdem schon im benachbarten Deutschland Hitler an der Macht war, gab es Juden in Wien, die davon überzeugt waren, daß man sich mit den Nazis arrangieren könnte.

Und damit wären wir beim nächsten Vorurteil: "Die Juden glauben, gescheiter zu sein, als die Christen." Wären sie es gewesen, dann hätten sie sehen müssen, was da auf sie zukam. Aber sie sahen es nicht - oder sie wollten es nicht sehen. Und selbst wenn sie es gesehen hätten: die meisten der in Wien ansässigen Juden hätten gar nicht die Mittel zur Auswanderung aufbringen können.

*

Die Geschichte der Wiener Juden - sie reicht bis ins zehnte Jahrhundert zurück - ist voll solcher Vorurteile und deren bittere Folgen. Die erste jüdische Gemeinde dieser Stadt wurde im Jahre 1196 von Teilnehmern des dritten Kreuzzuges als "Gottesmörder" massakriert. Sie wurden im Laufe der Jahrhunderte sowohl für den Ausbruch der Pest verantwortlich gemacht, als auch für die Hussitenkriege. Wann immer die Finanznöte der jeweiligen Herrscher ausweglos erschienen, wurde die Judengemeinde vertrieben oder ermordet. Wobei das Judenvermögen selbstverständlich vom Staatssäckel vereinnahmt wurde.

War das beschlagnahmte Geld verbraucht, pflegte man einigen reichen Juden wieder den Aufenthalt in der Stadt zu gewähren, um sie ein paar Jahre später abermals zu enteignen.

Daß sich infolge des Toleranzpatents unter Joseph II. nach und nach ein funktionierendes, jüdisches Gemeindeleben in Wien auszubreiten vermochte, wurde von den Wienern nie wirklich akzeptiert.

Daß die erste österreichische Eisenbahn von einem Rothschild finanziert, das erste österreichische Benzinauto vom Juden Siegfried Marcus konstruiert wurde, wird ebenso dezent übergangen, wie die Tatsache, daß Schallwellen bis zum heutigen Tage in Hertz, Kilo- und Megahertz gemessen werden, ohne daß ihr Entdecker, der Jude Heinrich Hertz, je erwähnt wird.

*

Welcher völkische Salzburger denkt jemals daran, daß er die Salzburger Festspiele den Juden Reinhardt und Hofmannsthal zu verdanken hat?

Welcher Wiener Musikfreund denkt an die jüdische Abstammung von Gustav Mahler oder Arnold Schönberg? Wenn er bei einem philharmonischen Konzert dem Dirigenten zujubelt, nimmt er zur Kenntnis, daß Georg Solti, André Previn, James Levine ebenso Juden sind, wie deren große Vorbilder Bruno Walter, Otto Klemperer und Leonard Bernstein?

Welcher Wiener Operettenfreund denkt daran, wieviele schöne Stunden er den Juden Edmund Eysler, Oscar Straus, Leo Fall, Emmerich Kálmán und Paul Abraham zu verdanken hat?

Was wäre die österreichische Literatur ohne die Juden Peter Altenberg, Arthur Schnitzler, Felix Salten, Jakob Wassermann, Alfred Polgar, Raoul Auernheimer, Egon Friedell, Stefan Zweig, Franz Kafka, Berthold Viertel, Anton Kuh, Franz Werfel, Joseph Roth, Karl Kraus und Friedrich Torberg?

Angesichts dieser - höchst unvollständigen - Aufzählung frage ich: wieso war es ausgerechnet der Sechstagekrieg, der dem eingangs erwähnten Wiener so sehr imponiert hat?

*

Wir werden seit Kriegsende immer wieder mit Filmen und Bilddokumentationen aus den verschiedenen Konzentrationslagern konfrontiert, die uns Berge von ausgemergelten Leichen zeigen. Ich frage mich immer, wenn ich diese Bilder sehe, wieviele potentielle Nobelpreisträger darunter waren. Wieviele große Werke der Musik, der Literatur, der Geisteswissenschaften niemals entstehen konnten, weil man diesen Menschen keine Chance ließ. Wieviele schwelende Probleme der Menschheit heute vielleicht schon gelöst wären, wenn man diese unübersehbare, geistige Kapazität nicht vernichtet, sondern gefördert hätte.

Ich weiß, daß diese Frage niemals schlüssig beantwortet werden kann. Ebenso weiß ich, daß es niemanden geben kann, der dafür jemals auch nur so etwas ähnliches wie eine Rechtfertigung finden wird. Das heutige Judentum stellt ziemlich genau 1,2 Promille der gesamten Weltbevölkerung dar. Also eine so verschwindend geringe Zahl, sodaß man von den Juden eigentlich noch nie gehört haben sollte. Aber man hört von ihnen, hat immer von ihnen gehört - weit über ihre zahlenmäßige Bedeutung hinaus.

Im Kampf gegen die Windmühlen der Vorurteile wurden sie immer wieder gedemütigt und an den Rand der Vernichtung gebracht. Ich finde, daß es nach all den Jahren hoch an der Zeit wäre, das Judentum ohne Vorurteile zu betrachten.

Nicht im Interesse des Judentums, sondern im Interesse der Menschheit.

Auch die Opfer würden gern vergessen

(geschrieben zum 50. Jahrestag der Besetzung Österreichs durch Hitler-Deutschland.)

"Könnt ihr Juden nicht endlich aufhören, immer wieder diese alten Scheußlichkeiten aufzuwärmen?"

"Das will doch keiner mehr wissen!"

"Warum muß die heutige Generation, die doch nicht das Geringste mit den Naziverbrechen zu tun hat, immer wieder mit den Untaten einiger weniger konfrontiert werden?"

Ja warum wirklich?

Man muß ja schließlich mit Leuten, die immer wieder solche Äußerungen von sich geben, in einem Land zusammenleben. Noch dazu in einem eher kleinen Land, dessen inneres Gleichgewicht immer schon viel zu labil war.

Also hat man sich nach der kurzen Decke gestreckt. Man hat jahrelang versucht, einen möglichst dichten Schleier über die eigenen Erinnerungen zu breiten. Man vertraute auf die Zeit, die angeblich alle Wunden zu heilen vermag. Man tat so, als hätte es nach 1945 wirklich einen neuen Anfang gegeben, einen echten Wiederaufbau, an dem man nach besten Kräften ehrlich teilhaben wollte...

Das Schlagwort von den "Ewiggestrigen" wurde den alten und neuen Nazis umgehängt und man wollte doch als Opfer dieser Leute nicht auch ewig im Gestern "herumwühlen". Demnach tat man so, als wäre in diesem Land niemals etwas Ernsthaftes vorgefallen. Oder wenn, dann waren es einige wenige "Übergriffe unverantwortlicher Subjekte", mit denen die jüngste Generation nicht belastet werden darf.

*

Und dann kommt eines Tages mein vierzehnjähriger Enkel aus der Schule und berichtet mir von einem "Witz", den er dort von einem Gleichaltrigen erzählt bekam:

"Was ist ein Jude mit einer Gasmaske?"

"?"

"Ein Spielverderber."

Und plötzlich erkenne ich, daß ich mich jahrelang in einer Traumwelt bewegt habe. Mühsam verdrängte Erinnerungen treten hinter den Schleiern hervor und fügen sich nahtlos in die Gegenwart ein. Meine Mitbürger, die damals im März 1938 in höhnisches Gelächter ausbrachen, als mich ein Hitlerjunge in die Nieren trat - haben sie sich wirklich entscheidend geändert seit damals?

Beruhte der immer wieder an mich herangetragene Wunsch "endlich diese Dinge zu vergessen" wirklich auf Gegenseitigkeit?

Es sind nicht mehr allzuviele, die von den Ereignissen des Jahres 1938 berichten können. Die meisten Opfer wurden sehr bald dezimiert - viele der Täter einige Jahre danach.

Ich gehöre jener Generation an, die nicht der "Gnade der späten Geburt" teilhaftig wurde. Ich trage ein halbes Jahrhundert lang Erinnerungen mit mir herum, die ich glaubte, vergessen zu müssen, um in diesem Land existieren zu können. Wenn mich hin und wieder - ob meiner Bereitwilligkeit, zu vergessen - ein schlechtes Gewissen überkam, dann besänftigte ich es mit der geläufigen Floskel, daß irgendwann ein "Strich unter diese Dinge gezogen werden müßte", daß man die "junge Generation nicht mit den Sünden ihrer Väter belasten dürfte", daß man endlich "eine versöhnliche Hand über die Gräben der Vergangenheit ausstrecken sollte" - und was es an diesbezüglichen Gemeinplätzen noch mehr gibt...

Vor allem wollte man sich nicht jenem Vorwurf von der "alttestamentarischen Rachelust" aussetzen, der in zahllosen Artikeln und Leserbriefen der Österreichischen Zeitungen immer wieder angeprangert wird. Besonders seit 1986 der Mann, "dem die Welt vertraut" in die Hofburg gewählt wurde.

Doch dann wird einem ins Bewußtsein gerufen - der "Witz", den mein Enkel aus der Schule heimbrachte, ist nur eines von vielen Beispielen - daß man mit dem "Vergessen" auf einsamem Posten steht.

Denn die anderen, die Täter, ihre Apologeten und potentiellen Epigonen, sie hatten niemals die Absicht zu vergessen. Eine geistige Läuterung auf breiter Ebene hat in diesem Land bis heute nicht stattgefunden. Daher fühle ich mich nicht mehr an das "Stillhalteabkommen" des gemeinsamen Vergessens gebunden. Mehr noch: wie aus einer längst verheilt geglaubten Narbe plötzlich Eiterschwären hervorbrechen, so erstehen heute wieder Bilder vor meinem geistigen Auge, von denen ich noch vor einem Jahr angenommen hatte, daß es mir gelungen sei, sie endgültig zu verdrängen.

*

Die letzten Tage vor dem "Umbruch" befand sich die Wienerstadt in einer "Österreich-Euphorie". Sämtliche Plakate waren mit vaterländischen Parolen beklebt, "Heil Schuschnigg" und "Ja zu Österreich" war in weißer Kalkfarbe auf zahllosen Gehsteigen zu lesen (es waren dieselben Gehsteige, die einige Tage danach von Juden mühsam gereinigt werden sollten), das Regime der Austro-Faschisten erfreute sich plötzlich einer ungewohnten Popularität, einige besonders Wagemutige erschienen sogar mit den jahrelang verpönten drei Pfeilen der Sozialdemokraten am Rockaufschlag in der Öffentlichkeit. Man glaubte, so etwas Ähnliches wie Demokratie in der Luft zu spüren; und man handelte danach.

Fast täglich gab es Demonstrationen für Schuschnigg und gegen Hitler, vereinzelte Nazis (erkennbar an ihren weißen Stutzen) wurden von einer proösterreichischen Mehrheit durch die Stadt gejagt, hin und wieder sogar verprügelt, es war - kurz gesagt - fast eine Negativkopie dessen, was sich einige Tage danach in der gleichen Stadt abspielen sollte.

Natürlich war ich damals mit dabei. Mit etlichen meiner Freunde ging ich fast jeden Abend zu irgendeiner der vielen Demonstrationen, wir brüllten in Sprechchören "Freiheit für Österreich!" und "Hitler verrecke!"

Sofern es überhaupt Polizisten bei solchen Kundgebungen gab, sahen sie wohlwollend dem munteren Treiben zu und lächelten freundlich.

Am Ausgang der von Schuschnigg für den 13. März angesetzten Volksabstimmung gab es keinen Zweifel.

Einige Wochen nach dem Einmarsch der deutschen Truppen und der Auslöschung Österreichs traf ich einen meiner Freunde, der gemeinsam mit mir gegen Hitler demonstriert hatte, wieder. Er trug die Uniform der Hitler-Jugend und wollte grußlos an mir vorbeigehen. Ich stellte ihn:

"Sag einmal, wieso bist Du auf einmal bei der Ha-Jot?"

"Man muß mit dem Zeitgeist gehen", sagte er herablassend. "Es hat sich viel verändert in diesen Tagen - oder ist Dir das nicht aufgefallen?"

"Schon", erwiderte ich schüchtern, "aber Du hast doch noch vor ein paar Wochen mit mir gemeinsam gegen den Hitler demonstriert..."

Mein ehemaliger "Mitstreiter" war überhaupt nicht peinlich berührt.

Er sah mir gelassen ins Auge und sagte:

"Noch so eine Verleumdung, und ich hau Dir die Goschen ein!"

Einige Tage nach dem "Anschluß" ging ich mit einem jüdischen Freund durch unseren Heimatbezirk Favoriten. Wir mieden die Hauptstraßen, weil dort wilde Horden von SA-Leuten umherzogen, um jüdische Geschäfte zu plündern. Trotzdem: an der Ecke Columbusgasse-Quellenstraße ereilte uns unser Schicksal. Wir fielen einigen Hitlerjungen - darunter auch ehemalige Schulkollegen - in die Hände, die sich mit lautem Gebrüll auf uns stürzten, um uns ganz im Sinne des neuen Zeitgeistes zu verprügeln. Auf der gegenüberliegenden Straßenseite stand ein Polizist, der wohlwollend zusah und freundlich lächelte.

Ich rettete mich mit letzter Kraft zu ihm hinüber und schrie:

"Bitte helfen sie uns, die wollen uns erschlagen! "

Die Reaktion des Ordnungshüters war eine unerwartete:

"Ihr werdet s' halt wahrscheinlich provoziert haben..."

*

Meine Eltern betrieben damals ein kleines Wäschegeschäft, das eigentlich niemals sehr lebensfähig war. Das Unternehmen lebte fast ausschließlich von Stammkunden, für die meine Mutter Wäsche nach Maß anfertigte.

Wenige Tage nach dem 13. März postierte sich ein SA-Mann vor dem Eingang des Geschäftes, um etwaige Käufer davon in Kenntnis zu setzen, daß dies ein jüdisches Geschäft wäre und daß es Volksgenossen nicht erlaubt sei "diesen Schädlingen" auch noch Geld in den Rachen zu werfen.

Eines Tages erschien eine Stammkundin und wollte trotzdem hinein. Der SA-Mann belehrte sie in gewohnter Manier, doch die Dame ließ sich nicht abweisen. Sie hatte nämlich noch "vor dem Umbruch" meiner Mutter Stoff für sechs Hemden gebracht und nun wollte sie die fertigen Hemden abholen.

"Ah, das ist was anderes", sagte der Hüter der arischen Reinheit und betrat gemeinsam mit der Kundin das Geschäft. Meine Mutter folgte die fertigen Maßhemden aus, und die Dame fragte:

"Was bin ich schuldig?"

Da mischte sich der SA-Mann in die Transaktion: "Bezahlt wird nichts, das wär' ja noch schöner! "

Die Dame nahm die Hemden in Empfang, bedankte sich vielmals und ging. Übrigens bedankte sie sich nicht bei meiner Mutter, sondern beim SA-Mann.

Zu diesem Zeitpunkt saß mein Vater schon im Konzentrationslager Dachau. Meiner Mutter fiel es immer schwerer, sich und mich am Leben zu erhalten. Meinen Posten hatte ich natürlich verloren, und so beschloß ich, auszuwandern. Zu diesem Behufe benötigte ich allerdings einen Reisepaß. Bei der zuständigen Behörde wurde mir mitgeteilt, daß ich erst eine Steuerunbedenklichkeitserklärung vorlegen müßte, sonst gäbe es keinen Paß.

Also ging ich zur Finanzlandesdirektion, um jene Erklärung zu bekommen. Vor dem Amtsportal fand ich eine Schlange von etwa 2.000 Menschen, die alle aus dem gleichen Grund gekommen waren. Ich fragte die ersten in der Schlange, wie lange sie schon warteten, und ich erfuhr, daß sie schon drei Tage und Nächte dort ausharrten.

*

Ich ging heim, versorgte mich mit einer Decke, etwas Proviant, einer Thermosflasche mit Tee und stellte mich am Ende der Schlange - die inzwischen noch um einiges länger geworden war - an.

Nach etwa achtzig Stunden Wartezeit stand ich endlich jenem Beamten gegenüber, der - übrigens als einziger in ganz Wien - dazu befugt war, die lebenswichtige Unbedenklichkeitserklärung auszustellen. Ich trug ihm mein Anliegen vor, und er verlangte meinen letzten Steuerbescheid.

Ich erklärte ihm, daß ich diesen nicht vorlegen könnte, da ich als Fünfzehnjähriger noch nicht steuerpflichtig war. Darauf wollte er den letzten Steuerbescheid meines Vaters sehen.

"Bitte, mein Vater kann keinen Steuerbescheid vorlegen."

"Warum nicht?"

"Weil er in Dachau ist."

"Dann kann man nix machen", sagte der Mann hinter dem Schreibtisch mit typischer Wiener Gelassenheit. "Mußt halt warten, bis er wieder herauskommt, Burscherl. Der Nächste!"

Ich riskierte einen letzten verzweifelten Versuch:

"Aber bitte, ich weiß ja nicht, wann mein Vater wieder herauskommt - wovon soll ich bis dahin leben?"

Der Mann sah mich mit durchdringender Freundlichkeit an und dann sagte er:

"Es hat Dir ja keiner g'schafft, daß Du leben sollst..."

*

Ich weiß, es gibt Schicksalsgenossen, die damals und in den Jahren danach wesentlich Ärgeres erlebt haben. Ich hatte "Glück": ich bin letzten Endes, übrigens als einziger meiner Familie, der Vernichtungsmaschinerie entkommen, indem ich illegal über die tschechische Grenze flüchtete (im Mai 1938 war das noch möglich).

Über die unsagbaren Greueltaten, die sich nach meiner Flucht in meiner Heimat abgespielt haben, sind zahllose Bücher, Filme, Theaterstücke und sonstige Dokumentationen erschienen. Sie haben letzten Endes nichts bewirkt.

In den diversen neonazistischen Publikationen, die ich seit Jahren immer wieder zu Gesicht bekomme, ist nachzulesen, daß im Krieg eben andere Gesetze gültig seien, daß da unzählige Menschen zu Schaden gekommen seien - unter anderem auch vereinzelt Juden - jetzt aber, wo das alles überwunden sei, gäbe es keinen Grund, diese "alten Geschichten" immer wieder hervorzukramen.

Gut. Laßt uns also nicht von Auschwitz reden, nicht von Majdanek, nicht von Treblinka auch nicht von den Kriegsereignissen am Balkan und der Judenvertreibung von Saloniki...

Nein, reden wir vom Wien des Jahres 1938. Von der Bevölkerung einer Stadt, die sich *nicht* im Krieg befunden hat, wo die Ausrede von den "anderen Gesetzen", die im Krieg zu gelten haben, nicht zum Tragen kommt.

Welche Entschuldigung gibt es für jene Inhaber "schlamperter Wienerherzen", die ohne jede kriegsbedingte Verrohung in der Lage sind, lächelnd zuzusehen, wie Greise aus den Synagogen geholt werden, um mit ihren Bärten die Gehsteige zu säubem?

Oder welche Verniedlichung läßt sich für jenen Hitlerjungen erfinden, der einem "die Goschen einhauen will" sobald man ihn an seine Charakterlosigkeit erinnert?

Welche Beschönigung findet sich für jene "Dame", die sich bei einem SA-Mann dafür bedankt, daß eine Jüdin für sie umsonst arbeiten mußte?

Was jenen Beamten in der Finanzlandesdirektion betrifft, der mir im April des Jahres 1938 freundlich lächelnd mitteilte, daß mir "keiner g'schafft hat, zu leben", so bin ich überzeugt davon, daß er vor Jahren in den "wohlverdienten" Ruhestand getreten ist und als allseits geachteter Staatspensionist einen ruhigen Lebensabend genießen konnte. Wer immer heute an seiner Stelle sitzt, würde sich gegebenenfalls vermutlich genauso verhalten wie sein Vorgänger.

Wir haben uns im Laufe der Jahre an das Wort von der "Pflichterfüllung" gewöhnen müssen. Jeder KZ-Scherge von Murer bis Eichmann verantwortete sich vor Gericht damit, daß es seine Pflicht gewesen sei, Befehle zu befolgen.

Gut. Ich akzeptiere also das Pflichtbewußtsein meiner Mitbürger. Was ich aber in diesem Zusammenhang nicht bereit bin zu akzeptieren, das ist die "Kür".

Im heutigen Wien wird niemand mit vorgehaltener Pistole dazu gezwungen, antisemitische Leserbriefe an diverse Groß- oder Kleinformate zu senden. Keine Redaktion wird genötigt, diese Briefe zu veröffentlichen. Kein SA-Mann trieb die Wiener zur Mahnwache am Stephansplatz, um die dort stehenden Leute zu beflegeln, nur weil sie an den armseligen österreichischen Widerstand erinnern wollten.

Der eingangs zitierte "Witz", den mein Enkel aus der Schule heimbrachte, sollte realistischerweise folgendermaßen lauten:

Was ist ein Jude mit einer Gasmaske? Einer der sich weigert, am provinziellen Mief dieses Landes zu ersticken.

Nachwort

Dies waren die letzten Zeilen, die in Österreich von mir veröffentlicht wurden, ehe ich beschloß, auszuwandern.

Bevor ich dies tat, lief im Rundfunk ein ausführliches Interview mit mir, in welchem ich die Gründe für meine Desillusionierung klarlegte.

Einige Tage danach erfolgte mein letzter öffentlicher Auftritt in Österreich, und zwar beim "Carinthischen Sommer", wo ich mit Rudolf Buchbinder und einem seiner Schüler Mozarts "Konzert für drei Klaviere und Orchester" spielte. Auch bei dieser Gelegenheit wurde ich ausführlich vom Rundfunk interviewt, wobei ich aus meiner Absicht, das Land zu verlassen kein Geheimnis machte.

Am Tag vor meiner Abreise war ich bei dem für mich zuständigen Beamten im Finanzministerium und teilte ihm meine neue Adresse sowie meine künftige Telephonnummer mit.

Dann flog ich ab.

Einige Wochen danach erfuhr ich aus den Wiener Zeitungen, daß ich ein Steuerflüchtling geworden war.

Nein, ich habe kein Heimweh...

Epiloge

Erinnerungen... eine für mich unvergeßliche Zeit: Programme mit Gerhard. Abende mit musikalischem und textlichem Geblödel... ernsthaft Zeitkritischem. Improvisationen, Zweistimmigkeiten... das Publikum wie zufällig mithörend.

Wenn Ideen geboren wurden, sehe ich Gerhard und Hans Weigel bei der himmlischen Arbeit des Erfindens einer "Nummer". Gerhard am Klavier - Hans stehend mit Block und Füllfeder - es blitzt von Konzentration und Einfällen. Dieses Bild tauchte jedesmal vor mir auf, wenn das Publikum seine Freude hatte und jubelnd applaudierte.

Von einem unvergeßlichen Sonderapplaus möchte ich erzählen: wir sind mit einem unserer "Blödelkunststücke mit Klavier" durch Österreich gezogen. Ich hatte zu dieser Zeit ein äußerst technisch-sensibles Auto, das nur in Spezialwerkstätten betreut werden konnte. Mit diesem waren wir unterwegs.

Unser Programm war zu Ende, und wir wollten starten: Nichts - kein Laut. Leichte Verzweiflung meinerseits.

Gerhard: "Nur Ruhe." (Ich kenne ihn ohnedies nicht unruhig.)

Er öffnete die Motorhaube. Ein paar Leute, die gerade das Theater verließen, kamen neugierig näher. Gerhard kroch unter das Auto, dann wieder hervor zum Motor. Immer mehr Leute, die vorher unser Publikum gewesen waren, kamen heran. Gerhard kletterte hin und her, vom Starter zum Motor und wieder zurück unters Auto.

Man spürte die Spannung knistern. Totale Stille. Unser gesamtes Publikum war Zeuge dieses aufregenden "Nachspiels". Da - plötzlich ein Sausen, ein Brummen, und der Motor sprang mühelos wieder an.

Unter tosendem Applaus fuhren wir winkend aus der kleinen Stadt in Ostösterreich Richtung Wien.

Ich zu ihm:

"Jetzt hast Du mich endgültig überzeugt. Du bist ja doch ein Künstler!"

Elfriede Ott

Als ich Anfang 1970 in Bronners Bar beim Singen noch im Finsteren stand (das heißt, ich hatte keinen vielbeachteten Solo-Auftritt, sondern sang, während die Band spielte und die Paare tanzten, sozusagen als Nebengeräusch), fragte mich eines Tages Gerhard Bronner:

"Trauen Sie sich zu, in meiner Fernsehsendung 'Die große Glocke' eine Parodie auf 'Hair' zu singen - auf Wienerisch ?"

Ich: "No naa - als Wienerin!"

Er sah mich zweifelnd an und sagte:

"Bei einer Wienerin, die dauernd englisch singt, ist das nicht so sicher."

Aber er probierte es mit mir, und ich sang nach einem Text von Peter Orthofer "Wien ist ein Wasserkopf".

Abgesehen davon, daß der Fernsehauftritt ein großer Erfolg war und das Lied Auslöser für die Dialektwelle wurde, die Gerhard Bronner mit seiner berühmten "Glocken" einläutete, kam für mich die schöne Zeit von "Licht ins Dunkel", denn nachdem sich ein Gast beschwert hatte, daß man die Sängerin mit dem "Wasserkopf" nicht sehen könnte, wurden für meine Auftritte ab diesem Zeitpunkt sämtliche Scheinwerfer aufgedreht.

Marianne Mendt

Gerhard Bronner hat sich nie ein "Blattl vor'n Mund" gehalten. Und dieser Umstand hat ihm manchen Ärger, aber auch viel Spaß bereitet.

Ein Beispiel: durch die Aufführung des Stückes "Compagnero Ol'e" (die Geschichte Franz Ohlas) war er in der SPÖ-Landesparteizentrale in Ungnade gefallen. Als Bronner mit dem Lied "Der wahre Sozialismus", in dem die Stagnation der Sozialistischen Partei aufgezeigt wurde, noch ein Schäuferl zulegte, war es den Herren in der Löwelstraße zu viel, und sie beschlossen, den Genossen Bronner aus der Partei auszuschließen.

Die Debatte wurde abrupt beendet, als ein Eingeweihter auftauchte und trocken bemerkte:

"Mit dem Ausschließen werdet's Euch schwer tun. Der Bronner ist nämlich gar kein Parteimitglied....."

(Der Eingeweihte war übrigens der damalige Zentralsekretär Probst.)

Kurt Sobotka

Spöttisch, zynisch, überheblich - so sehen viele den Bronner. Vielleicht ist er so. Aber auch ganz anders. Als ich 1961 an sein Kärntnertortheater kam, war ich wahrscheinlich der schüchternste, traurigste und schweigsamste Kabarettist der Welt. Der Bronner hat das ganz locker akzeptiert, weil er - Gott weiß, woher - wußte, daß ich seine Erwartungen nicht enttäuschen würde.

Das konnte ich - bei soviel Vertrauensvorschuß - dann auch nicht, und so haben wir, über ein Jahrzehnt hindurch, miteinander so manches wunderbare und sogar höchst erfolgreiche Programm fürs Theater oder Fernsehen in die Welt gesetzt. Schade, daß er heute nicht da ist, um der nächsten Kabarettistengeneration auf die Beine zu helfen.

Peter Orthofer

1951 gab mir Gerhard Bronner die Chance, in der Marietta-Bar aufzutreten. In dieser Nachtbar bekam ich eine Ahnung davon, wie schwer es ist, als Entertainer zu arbeiten, allein vor dem Publikum zu stehen, hautnah vor den Gästen zu agieren, ihnen in die Augen zu sehen, ihre Zustimmung zu erringen oder ihre Langeweile zu ertragen.

Gerhard Bronner verdanke ich viel: er hat dem Anfänger Mut gemacht und den Kollegen gut beraten. Er hat sich in vielen Situationen als hilfsbereiter, souveräner, sensibler, verläßlicher und verletzlicher Mensch erwiesen. Ich habe von ihm menschliche Gesten erlebt, die man dem bissigen Besserwisser im öffentlichen Wien kaum zugetraut hätte.

Eine Erinnerung: es war in den 70er Jahren, ich war für Aufnahmen zur "Glocke" von München nach Wien geflogen und Gerhard holte mich mit dem Wagen vom Flughafen ab. Wir waren in Zeitnot und er fuhr zügig über eine ihm bekannte Abkürzung zum ORF-Studio. Auf einer engen Landstraße kam uns ein Vespa-Fahrer entgegen, der von einer Limousine überholt und regelrecht in den Straßengraben abgedrängt wurde.

Bronner bemerkte den Vorfall durch den Rückspiegel und bat mich, die Nummer des Autos zu notieren. Reger Gegenverkehr erlaubte es ihm erst nach Minuten - und nachdem wir bereits eine beträchtliche Strecke zurückgelegt hatten - umzudrehen. Er fuhr zurück und war der einzige Autofahrer, der bei dem Verunglückten anhielt. Bronner bot dem Mann seine Hilfe und Zeugenaussage an - eine Selbstverständlichkeit, vielleicht - aber doch nicht für jene Autofahrer, die direkt nach dem Vorfall an die Unfallstelle gekommen waren und schnell hätten helfen können. Und die anschließend nicht, wie wir, in ein TV-Studio, in dem man uns längst erwartete, zu spät gekommen wären.

Ernst Stankovski

Als Bronner in der legendären "Marietta"-Bar für das Abendprogramm verantwortlich war, kam er eines Tages zu mir und bat mich um Hilfe: "Ich hab' den Qualtinger und die Louise Martini engagiert, aber wir haben zuwenig Programm. Könntest Du uns nicht aushelfen und ein paar jiddische Witze erzählen ?"

Um Kosten und Spesen zu sparen, einigten wir uns auf Tonbandzuspielungen. Ich kam in seine Villa und auf einer Couch sitzend erzählte ich bei einer Schale Kaffee meine Witze auf Tonband. Die "Jiddischen Witze" waren nicht nur in der "Marietta" ein Bombenerfolg. Bronner brachte anschließend ein Schallplatte davon heraus und zusammen mit den Nachfolgeproduktionen dürften wir etliche "Goldene Schallplatten" eingespielt haben.

Fritz Muliar

Auf den Strich gehen und eine Linie haben, sind zweierlei. Das wissen hierzulande nur die wenigsten. Der Bronner meint seine Meinung bis ins Unvermeintliche und meint die Menschen oft über den Haufen oder ins Out. Er sagt, was er denkt und er denkt, was er sagt. Er wirft mit Steinen, obwohl er weiß, daß in Österreich selbst die Glashäuser aus Gummi sind. An Kummer ist er gewöhnt (der Satiriker muß den Bumerang erwarten, wie der Züchter die heimkehrende Brieftaube).

Das Unveränderliche zu verändern, den Windmühlen die Flügel zu stutzen, der Resignation ein Bein zu stellen, das hat ihm seine Chromosomenzusammensetzung ins geistige Stammbuch katapultiert. Ein Antihansguckindieluft.

Er hat den Professionalismus im Königreich der Schlamperten salonfähig gemacht. Er fordert und liefert Qualität statt Quantität und unterhält sogar Alleinunterhalter.

Was kann ich ihm noch Böses nachsagen? Ich mag ihn.

André Heller

Ich bin bekannt dafür, daß ich jede Art von Urlaub, insbesondere wenn er mit Wegfahren verbunden ist, verabscheue.

Deshalb wehrte ich mich mit Händen und Füßen, mitkommen zu müssen, als meine Frau einen ausgedehnten Frankreichurlaub plante und auch buchte. Es gelang mir mit allen möglichen Tricks, daheim bleiben zu dürfen.

Ich rief Gerhard an:

"Du, ich hab'mich aus dem Erholungsurlaub herausgeredet."

Gerhard bestätigte mich sofort in meiner Entscheidung:

"Vollkommen richtig gehandelt. Erholung ist die ärgste Strapaz."

Rudolf Buchbinder

In seiner Eigenschaft als Lokalbesitzer war der Gerhard in erster Linie Künstler und daher auch auf das Wohl der auftretenden Sänger bedacht. Ganz ärgerlich konnte er werden, wenn die Gäste den Darbietungen nicht ordnungsgemäß zuhörten.

Und so geschah es einmal, als Gerhard und ich gerade eines unserer Duette sangen, daß sich ein Gast nicht um unseren Vortrag kümmerte und dauernd dazwischenredete.

Da unterbrach Gerhard die Nummer und fragte den Herren:

"Sagen Sie, wo waren Sie gestern ?"

Auf die Antwort des Gastes: "Ich war zu Hause", erwiderte Gerhard:

"Und warum sind Sie heute nicht dort ?!"

Marika Lichter

Es war während der Probenzeit zu "Ich und der Teufel" im "Intimen Theater" in der Liliengasse, in dem Gerhard Bronner der Direktor war. In Kostüm und Maske stand ich vor ihm und fragte keck:

"Wie schau' ich aus, als Teufel?"

Er antwortete schlicht:

"A bissel ausgfressen."

Heute würde ich ja nicht mehr fragen, aber in einer Zeit, als ich noch glaubte, daß "Adipositas" eine Turnschuhmarke sei, hat er bereits mit scharfer Beobachtungsgabe und ehrlicher Aussage erkannt, welch gewaltiger Körper in mir und aus mir heranwachsen würde. Wobei er damals "... a bissel" sagte.

Für diese freundschaftliche Diminuierung danke ich ihm noch heute.

Herbert Prikopa

Im Herbst 1974 betraten vier unbekannte Wesen die Bühne des Folkclubs "Atlantis" und behaupteten, Kabarettisten zu sein. Einer der ersten Prominenten, der diesem Gerücht nachging, war Gerhard Bronner. Er verließ zwar die Vorstellung bereits zur Pause, ließ uns aber wohlwollende Grüße ausrichten. Wenig später lud er mich ein, in seiner TV-Sendereihe "Showfenster" mitzuwirken.

Das war der Beginn einer langen, für mich sehr fruchtbaren Zusammenarbeit, die in den 80er Jahren in meiner Tätigkeit beim Hörfunk-Kabarett "Guglhupf" ihren Höhepunkt fand. Gerhard ist für mich Freund, war mein Förderer und kritische Instanz zugleich.

Er wäre für Österreich gerade heute, wo ein "Wehret den Anfängen!" bereits zu spät scheint, eine wichtige Stimme. Ich vermisse ihn.

Erwin Steinhauer

Gerhard Bronner/
Marika Lichter
Fledermaus, Wien Silvester 1979
Foto: Privat

Fritz Muliar
Foto: Archiv

Rudolf Buchbinder
Foto: Privat

Kurt Sobotka
"Showfenster" 1978
Foto: Richard Siedek

Erwin Steinhauer
Foto: Lukan

Ernst Stankovski
"Deutscher Totentanz"
Konzerthaus, Wien 1976
Foto: Privat

Marianne Mendt
Theater in der Josefstadt 1990
Foto: Privat

Peter Orthofer
Foto: Privat